日本国史

世界最古の国の新しい物語《ヒストリー》

上

田中英道
東北大学名誉教授
Tanaka Hidemichi

育鵬社

JN025757

新版まえがき

この『日本国史』（上・下）を出すにあたって、最初にこの著作の「歴史」について述べることをお許し下さい。

まずこの二冊は『國文學』（学燈社）という雑誌の、平成十九年（二〇〇八年）十月号から翌年の七月号にかけて連載した原稿が最初でした。つまりきっかけが国文学の雑誌の依頼であったということです。それまでの日本の歴史が、世界でもレベルの高い芸術、文化を蔑《ないがし》ろにし、ただ政治と経済に終始し、貧富の差を殊更強調したものが多かったのです。戦後は、民主主義と称して、意識的に左翼のイデオロギーで書かれるものばかりでした。

文化を階級的なものとして考え、せっかくの『源氏物語』でさえも、貴族階級のものとして軽視され、あの奈良の大仏も、民衆の熱い信仰を無視し、民衆が建設に駆り出され苦しんだ、と書かれていました。その影響を、今の保守といわれる作者の歴史本まで大きく受けて、そうだと思い込んでいるのには驚かされます。社会は階級社会ではなく、役割分担のものだ、ということを忘れているのです。彼らは天皇のために信仰のために、その労働の役割を厭《いと》わなかったのです。

さらに、この世界でもっとも独自な文化と伝統を持つ日本の歴史が、中国や朝鮮から学んだものだ、と今でも書かれています。そんなことはありません。三国の文化の質を見分ける眼を持たない歴史家は、歴史家ではありません。この三国は質が全くといって良いほど異なるのです。今は廃刊になりましたが、『國文學』という雑誌は、文学研究の雑誌だけあって、その点を十分に書かせてもらえました。

その原稿を中心に、さらに後半を書き足し、「コラム」を加えて、『日本の歴史　本当は何がすごいのか』というタイトルで、平成二十四年（二〇一二年）に育鵬社から出版されました。保守層に好評で、その後、扶桑社文庫にまでなりました。近頃の保守の小説家や評論家が出す「日本国史」ブームの先鞭《せんべん》と考えられているようです。

しかしそれまで私は「新しい歴史教科書をつくる会」の会長を務めたり、それ以後も日本国史学会を立ち上げたりして、他の教科書に蔓延《はびこ》る、左翼イデオロギーを批判するのを専《もっぱ》らにしていましたが、次第に、歴史というものをできるだけ、その「歴史の現場」で考える方法に切り替えていきました。そうした態度をとると、自ずから保守的になっていく歴史家としての自分に気付くようになりました。歴史は決して否定から始まるものではないからです。こうした、歴史を肯定するという態度、その価値を見出す態度は、美術史を研究する上では当たり前のことだったのですが、それが政治史、宗教史にも役立つと考えるようになりました。

邪馬台国の不在、高天原＝日高見国の事実は、実際の地を歩いて、考古学的資料を検討しないとわからないものばかりでした。日本の縄文時代の文化の再評価を行い、縄文土器・土偶の意味を見出し、この時代が『日本書紀』『古事記』にいう高天原＝日高見国の時代であったことがわかりました。そうした記述を加えたものが、平成三十年に刊行した『日本国史』（育鵬社）だったのです。縄文時代が、真の古代史の範疇《はんちゅう》に入ってきました。

美術史研究の時期、構想していた形象学（フォルモロジー）が、実際の歴史にも役立つことを理解したのです。文献がないと、歴史がわからないという風潮に対して、文字がなかった時代の長い、縄文時代から古墳時代まで、形で意味を読み取ることが肝要です。その形象を見るために、日本国史学会の会員たちと、なかなか行けない場所までバス旅行をしたり、自動車で行ったりして、議論しながら見るということができ、大変助かりました。

文献の真実と嘘が見分けられるようになったのです。そして、新しい日本国の歴史の構成を試みました。

文化批判のフランクフルト学派をはじめ、左翼思想に侵された日本の狭い歴史を、本当の日本の歴史にする試みは、この本で完成したわけではありません。この本の新たな点は、多くの埴輪にユダヤ人埴輪を見出したことを書き入れたことです。自分でいうのも変ですが、この驚くべき発見、つまり遠い、日本と全く正反対の西方の文化を持つ彼らが、どう日本に同化したか、当時、人口の九分の一をしめた彼らの子孫たちが、どのように具体的な日本国史に影響を与えたか、次の歴史はそれを書くことになりそうです。

令和四年二月一日

田中英道

はじめに――なぜ書名を『日本国史』としたのか

この本が『日本国史』と題されているのは、単に類書がみな「日本史」とあるのでそれらと区別するためでも、戦後の「国家否定」の風潮に、ことさら反対するためでもありません。日本の歴史には、最初から国家があったと考えられるからです。

『古事記《こじき》』『日本書紀《にほんしょき》』では、伊邪那岐（イザナギ）、伊邪那美（イザナミ）が神々として、世界のすべてをつくるのではなく、日本列島だけを誕生させたことは、すでにこの国が「大八洲国《おおやしまぐに》」であるという認識があったからでしょう。つまり、神話ではおのずから国家があったことになります。ただこれまでは、その理由だけでは、最初から国家があったとは言いませんでした。「国」という言葉は、まだ曖昧《あいまい》であったからです。

日本の国は、国家として、もともと「近代」の国家イデオロギーでつくられたものではないのです。したがってそのことを重視する「マルクス主義」「近代主義」のイデオロギーは、日本の歴史には合いません。そして、その階級闘争史観では、日本社会そのものもつかむことはできないでしょう。むろん、歴史の真実を見ないで「ナショナリズム・イデオロギー」でそれを語ることも単純過ぎます。

つまりこの本が「日本国史」という題名であるのは、古墳時代の「大和国《やまとのくに》」の前に、縄文・弥生時代に「日高見国《ひたかみのくに》」(日本国の原義ともなる)という国家の存在が確認できるようになったからです。それが祭祀《さいし》国家であったにせよ、「大和国家」へ続き、原初から日本には国家の歴史があったと考えられるようになったからです。

私は関東、東北の多くの遺跡を訪れ、特に三内丸山《さんないまるやま》の遺跡に、ある成熟した村落の原型があることに感銘を受けました。さらに各地の縄文集落から発掘された、おびただしい数の土偶・土器の類を見て、これらがつくられた時代は、決して共同体のない、単なるバラバラな存在ではない、と考えました。

つまり、それらの形象の様式の一貫性、統一性が、氏族連合であるにせよ、神道的な祭祀共同体によってつくられた、と考えざるを得なかったのです。土器、土偶が、単なる道具ではなく、同じ芸術的な形への追求が一貫して見出されたからです。

その後、神話、考古学、神社学の探求が始まりました。その結果は、この書の第一章、第二章に詳しく書いてあります。つまり日高見国という、神話の高天原《たかまがはら》と対応する現実の国があったと想定されるのです。それは『日本書紀』に記され、『常陸国風土記《ひたちのくにふどき》』、祝詞《のりと》にも触れられていました。

多くの歴史家は、文献がなければ何も言えないし、土偶や土器などの形を読み取るなどということは、不可能だと思っています。その形態、素材についてはすでに多くの研究がされていても、その意味は、単に「精霊」などというだけで、思考を停止していました。しかし土偶の不可思議な形態が、なぜ「精霊」なのでしょう。

私は文化人類学や形象学の視点から、それを、近親相姦《きんしんそうかん》による異形の人々が、信仰の対象となってつくられたものだ、と分析しました。その形象の例は、南米にもたくさんあるからです。

その見方が妥当性を持つのは、神話では、イザナギ、イザナミが兄妹婚だからです。そして、その子が蛭子《ひるこ》であったことは、そのことを語っています。さらに記紀には、それ以前の神々は兄妹婚であることが語られています。神話とはいえ、かなり現実的な性の問題が語られていたのです。

土偶の形からその意味を分析する、という作業は、「文化的」な創造物が、神話だけでなく、「歴史」そのものとも関わっていることを明らかにします。そこから継続した「歴史」自身の姿が現れるのです。土偶が各地でつくられているということは、各地に共通の家族認識があるということです。

最近、仁徳天皇陵《にんとくてんのうりょう》といわれる前方後円墳の墳丘の全長が、五世紀の築造当初、少なくとも現在より約四〇メートルも長い五二五メートルはあったことが、宮内庁の調査でわかりました。さらに巨大な古墳であったわけです。しかしなぜこうした巨大な古墳ができたか、その文化的、精神的理由を問うことはしません。「文献がない」の一言ですが、それならば、この古墳を、大仙《だいせん》古墳などという土地名をつけることも理由がありません。仁徳天皇陵という名前を否定する決定的な資料がない限り、そのまま呼ぶべきです。この大きさは、偉大な天皇の墳墓であったからこそ、説明できるのです。延べ六百万人以上の人々が十五年以上もかけて造ったとされるのですから。

周知のように、この天皇陵を最大なものとして、他に全国に十六万以上の古墳がありま す。当時の資本、技術、そして労働力の点などから考えて、これらがどうしてこんなに造られたのでしょうか。国家としての共通の精神的な動因があったに違いありません。

なぜ法隆寺のような美しい建築、その彫刻群ができたのでしょう。聖徳太子が建立されたのがわかっているのに、その聖徳太子は不在だった、などと一部の歴史家は言っています。聖徳太子のような存在がいなければ、あのような美しい建築、彫刻はできません。なぜ東大寺の大仏は巨大なのでしょう。聖武《しょうむ》天皇、光明《こうみょう》皇后がいらしたからです。大仏ばかりでなく、その建築、彫刻群などの素晴らしさは、この両陛下の存在のもと、国中連公麻呂《くになかのむらじきみまろ》という彫刻の天才がいたからです。『万葉集』のさまざまな表現から、その文化の高さを考えなければならないのです。

青丹《あをに》よし　寧楽《なら》の都は　咲く花の　薫《にお》ふがごとく　今盛りなり
（奈良の都は咲く花が美しく照り映えるように、今が真っ盛りである）
小野老《おゆ》『万葉集』（巻三・三二八）

この「花」とは一体何でしょう。この歌が歌われた時代を理解するには、文化の問題を考えなければならないのです。

天皇の皇子である光源氏《ひかるげんじ》を主人公にした紫式部《むらさきしきぶ》の『源氏物語』には、その感覚の鋭さ、人間関係の感情の豊かさ、当時の日本文化の高い水準が感じられ、おのずと律令制によって生まれた安定した日本の姿を思い浮かべることができます。ですから時代が「平安」と呼ばれるのも理解できます。鎌倉時代になると『平家物語』に表されている激動の世界になりますが、それは決して国家が破壊されてできたのではありません。新たな鎌倉幕府による武家の日本国家が生まれたのです。

無論、日本の歴史を語るときには、常に外国との対外関係を述べなくてはなりません。歴史や国家というものは、外国の存在によって浮き彫りにされるからです。聖徳太子の時代も、北条時宗の時代も、豊臣秀吉の時代も、明治維新の時代も、それぞれ、外国と対峙する中、真の意味で、天皇の下に国家が営まれていたのです。国家を意識せずに、日本の歴史は語られないのです。

私の友人の一人に、故・坂本多加雄氏（学習院大学教授）がいます。氏は、歴史は国家の「来歴」を語るものだ、と主張されていました。

自国の歴史を語ることは、自らのアイデンティティと関わる物語を描くことです。それは、構築的であるからこそ、そのメンテナンスを必要とし、それを怠ればその姿は曖昧になってしまいます。つまり自らの存在理由を明らかにする上では、当然ナショナリスティックな物語を必要とするのです。坂本氏が、日本の戦没者のための「追悼・平和祈念のための記念碑」を国の施設として建てるときに、委員会の中で断固反対し、靖国神社でなければならない、とされたのも、そうした考えがあったからでしょう。歴史的由来がないと、国民は信じないのです。

つまり、来歴のない記念碑などには、戦争で命を失われた英霊たちを祀れないのです。靖国神社には歴史があるが、新しくつくられる「平和祈念碑」には、英霊は戻れないことをよく知っておられたのです。

坂本氏は急病で若くして亡くなられましたが、氏が病身をおして、私の天平文化の歴史講義にわざわざ聞きに来てくださったのを思い出します。この『日本国史』が、氏のいう日本人の「来歴」となったかどうかは、草葉の陰の氏に聞くわけにいきませんが、この書を氏に捧げたいと思います。

最後になりましたが、前著『日本の歴史 本当は何がすごいのか』(平成二十四年刊)の内容を包含しながら、大幅な加筆を行い、新しく『日本国史』として本書を刊行するにあたり、担当してくださった育鵬社編集長の大越昌宏氏に感謝いたします。

平成三十年五月十一日

田中 英道

◉目次◉

編集協力――本山　航
装幀――村橋雅之

本書は平成三十年六月刊行の田中英道著『日本国史』（育鵬社刊）に加筆を行い、上・下巻で刊行するものです。

日本国史・下　目次

第一章

日高見国——縄文・弥生時代、関東にあった祭祀国家

◉旧石器時代の遺跡が日本で数多く発見されているのはなぜか

平成四（一九九二）年、**三内丸山遺跡**《さんないまるやま》（青森県青森市）の発掘調査が本格的に開始され、十棟以上の大型竪穴《たてあな》住居、約七百八十軒の一般的な竪穴住居が発見されました。また平成六（一九九四）年には祭祀《さいし》用の大型建築物の存在を示す直径一メートルの六本の栗の木の柱の跡が見つかり大きなニュースになりました。この発見が一つのきっかけとなり、旧石器・新石器時代、そして縄文・弥生時代を歴史の時代として考える見方が出てくるようになりました。

進化論の見方では、石器時代は原始時代と考えられていました。またマルクス主義は、その時代を原始共産制という妙な考え方によって理想的な平等社会のように捉えました。しかし、そういう進化論的な見方やイデオロギー的な見方ではない新しい歴史の見方が、いま考古学の発見によって登場してきています。これは戦前にはなかったことです。日本国史を考える上でも、単なる国粋主義やナショナリズムといった観点だけでは語ることのできない日本の姿が出てきているのです。

三内丸山遺跡（青森県）

これをどのように評価するかというのが今日の問題です。二十世紀までの日本は、そういう発見を否定的・批判的に見ていました。しかし、これからは事実を肯定的に見て歴史の中に豊かに取り入れていかなくてはなりません。

なぜならば、そこに見られる精神性が重要になってくるからです。今回、**旧石器時代**の遺跡の発見から日本国史について述べるのも、どこにどんな遺跡があったかが重要なのではなく、なぜ日本という国に旧石器時代の遺跡があるのかが問題だからです。

アフリカで人類が発生したことは考古学的な事実であり、二十世紀の重要な発見でした。これは否定できません。そうした事実を踏まえて、なぜ日本に旧石器時代の遺跡がたくさん残っているのかを考えてみたいのです。

日本列島にある旧石器時代の遺跡（主に三万～一万年前の後期旧石器時代の遺跡）は日本旧石器学会による二〇一〇年の集計で一万百五十遺跡とされています。一方、朝鮮半島では旧石器時代の遺跡発掘は五十程度にとどまるといいます。これはいかに当時、日本列島に人口が集中していたかを示しています。

日本の旧石器時代の発掘調査は岩宿《いわじゅく》遺跡の発見からはじまっています。岩宿遺跡があるのは群馬県みどり市です。関東で発見されたということが非常に重要な意味をもっています。旧石器時代の遺跡は日本の各地にあり、偶然に関東の研究家が岩宿遺跡を最初に発見したと考えられていますが、実はそうではないのです。

岩宿遺跡だけでなく休場《やすみば》遺跡（静岡県沼津市）、野尻湖《のじりこ》遺跡（長野県上水内郡信濃町）、浜北人《はまきたじん》で知られる根堅《ねがた》遺跡（静岡県浜松市）のような旧石器時代の遺跡が関東や中部地方で多数見つかっています。このあたりから日本における関東や中部地方の歴史的あるいは精神的・宗教的な位置づけが見えてきます。つまり、九州をはじめとする日本の西半分には旧石器時代の遺跡は非常に少なく、東半分に多いということなのです。この傾向は縄文遺跡について見るとさらに明らかになります。

ここからわかるのは、旧石器時代に日本にやって来た人たちは太陽を求めてやって来たということです。まず、それについて述べてみましょう。

◉太陽の昇る場所を求めて日本にやって来た人たちがいた

あらゆる文明は太陽信仰を基本としてはじまっています。太陽の動きによって天候ばかりではなく人間をとりまく自然が変化していきます。四季がそうですし日々の動きがそうです。その意味で、太陽なしに人間の生活を考えることは不可能です。人間の生活は太陽の恵みによって形成されてきたのです。

最近、カスピ海沿岸にあるゴブスタンという遺跡を見てきました。そこには旧石器時代から新石器時代にかけて人々が住んでいたという岩窟《がんくつ》が残されています。そこにいた人たちが岩に絵を彫り込んでいます。それを見るとアルタミラやラスコーの遺跡にもある狩りやダンスをしている絵とともに、船の絵が意外に多いことに気がつきます。その船も決して小さな船ではなくて、マストが十数本もあって漕ぎ手が十数人もいるような大きなものです。

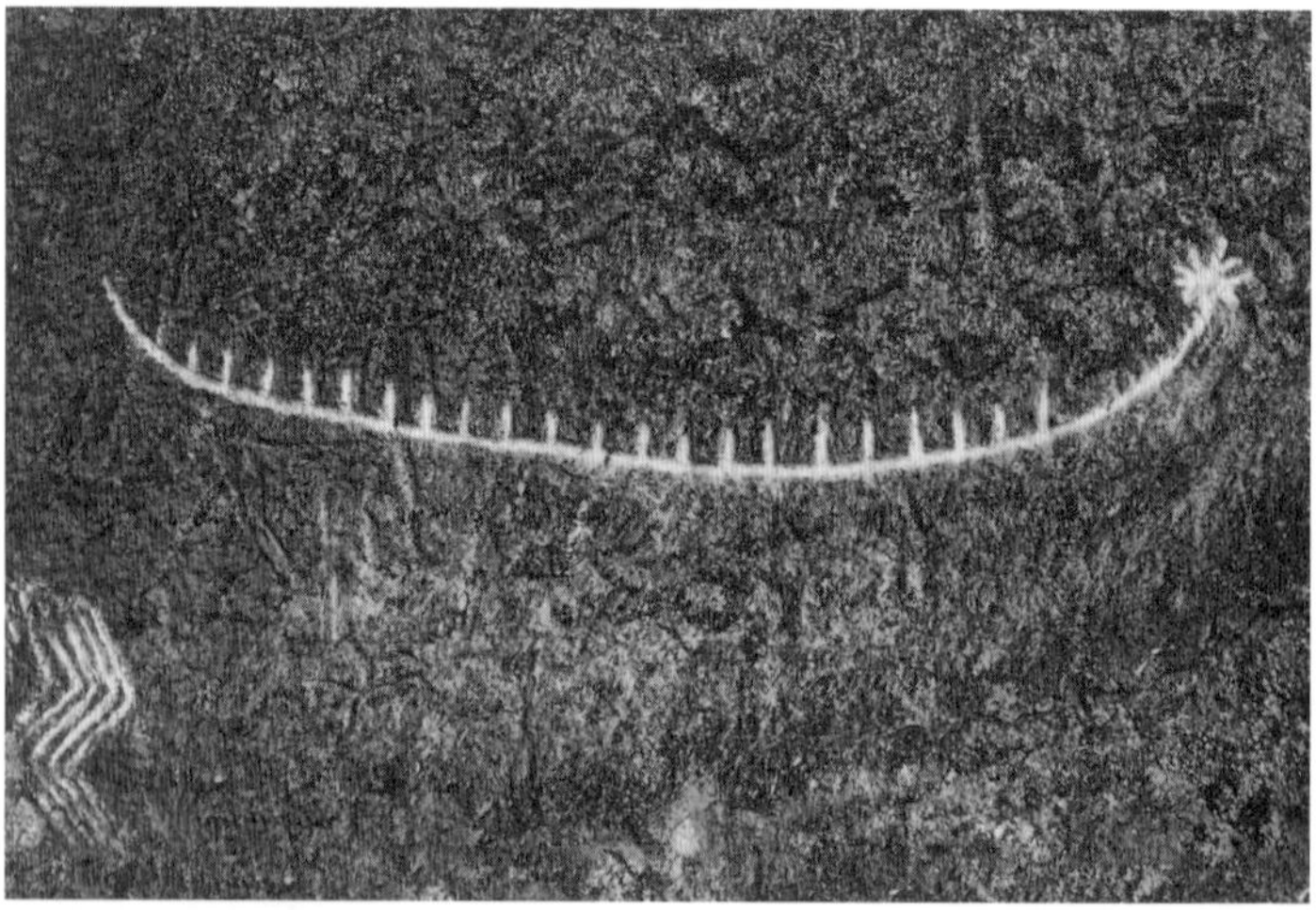
ゴブスタンの岩刻壁画

そして、船の先には明らかに太陽と見える印があります。あたかも太陽に向かっていくことが航行の目的であると示唆するような描き方をしています。これは非常に象徴的です。そのころ生きていた人たちは、太陽の昇る東へと進んでいったのです。それも歩いて向かっただけではなく、船を使えるところは船を使って太陽の方向に進んでいったことがわかります。

これまでアフリカからなぜわざわざ人々が移動したのかがわかりませんでした。当時は現在ほど乾燥していなかったから、砂漠もそれほど広がっていなかったはずです。気温は裸で過ごすことができるほど高く、またたくさんの動植物が生息していましたから食糧に困ることもありませんでした。豊かな土地で、衣食住が十分に満たされる環境にあったはずです。そこから動かなくても生活は十分に可能だったでしょう。唯物論的に考えれば、そこを動く理由はありません。人間はみなアフリカにとどまっていたはずです。

ところが彼らは移動をはじめました。これはなぜなのか。好奇心で、もっといい土地を求めて、もっとおいしい食糧を得るために、といった説が出されました。つまり、アフリカという土地から離れざるを得ないなんらかの物質的条件があるかのごとく想定してきたのです。しかし、人口状況から考えても、アフリカにとどまって長く生活することはできたはずです。

では、なぜ人々は動きはじめたのでしょうか。それもわざわざ気温の低い北の方角に向かったのです。そのモチベーションになったのは何かと考えてみると、それは「太陽が昇るところに行く」ということだったのではないかと思われるのです。もちろん船を使えばいったん北へ向かわなくても、直接インド洋を越えることができたでしょう。しかし、おそらくそれほど大きな船はなかったのです。だから、陸づたいに歩いたり小船を使ったりして移動したのではないかということが、ゴブスタンの岩絵からわかってくるのです。

旧石器時代の遺跡が日本に多くて朝鮮に少ない理由も、ここからわかります。おそらく日本という最東端の国に来ることが人々の目的だったのです。日本が太陽の昇る場所として人々に認識されていたことを如実に表すのは、日本を「日の本」と呼ぶことです。現在の日本の国名もそこから来ています。他国でも日本を日出ずる国と考えて、フランス語では「ル・ソレイユ・ルヴァン (le soleil levant)」、イタリア語では「イル・ソーレ・レヴァンテ (il sole levante)」、英語では「ライジング・カントリー (rising country)」などと呼ぶことがあります。太陽が昇るところは日本だという見方があるわけです。

カトリック教会はみな東を向いて建っています。エデンの東といいますが、東にパラダイスがあるという信仰があったからです。人間には即物的に豊かで安定した土地に向かうというより、より良い土地、精神的なものまで含んだ理想の土地へ向かうという習性があるのではないでしょうか。

長い間、地球は球形ではなく平らなものだと考えられていました。だから、太陽が昇る方向へ向かうことが、すなわち理想郷へと向かうことを意味していました。「太陽」が憧れの土地、希望の土地の位置を示す指標になったわけです。これがアフリカから人間が移動する大きな動機になったのではないかと思われるのです。

さらに船を使えば大陸の国々を横切ることなく東に向かうことが可能です。インド洋沿岸を船で渡れば、内陸を通らずに日本にやって来ることができます。そのようにして旧石器時代に日本にやってきた人々がいたのではないかと考えられるのです。

最近、北米や南米でも縄文遺跡が発見されています。北米のシアトルで見つかった九千五百年前の人骨は縄文人のものと同じであることがわかっています。オレゴン州ペイズリー洞窟で二〇〇七年に発見された一万四千五百年前の人間の生活跡は、DNA鑑定の結果、縄文人と同じものだったといいます。また南米のエクアドルでは日本の縄文土器と同じ土器が発見されています。

これらの事実は、日本にやってきた人たちの中にさらに太陽を求めて太平洋を渡ろうとした人たちがいたことを示唆しています。もちろん太平洋は彼らの船で渡るには広すぎます。おそらく北に向かった人々が北海道からアリューシャン列島を島づたいに船で渡って北米大陸に到達し、さらに東に向かったのでしょう。また、船で南下しながら東に向かって南米に到達した人たちもいたのでしょう。この北米・南米の縄文遺跡はいま非常に関心を集めていますが、とても興味深いことです。

太陽に向かっていくことには彼らの精神的な裏づけがあったのです。それは太陽信仰、自然信仰が人間の信仰の基本になったという意味でもあります。太陽の存在が、理想を求める人間の精神に明らかな方向をもたらしたのです。それは衣食住を超えて、文化的・精神的に重要な問題だったのです。

聖書にある「パラダイスは東にある」という観念に照らせば、世界の一番東、極東に位置している私たちの日本列島がパラダイスだということになります。これは日本に向かって人々が移動していった根拠にもなります。

もちろん途中でとどまる人たちもいたでしょう。そういう人たちはその場所でそれぞれの文化をつくっていくのです。しかし、基本的に東に向かうという大きな流れがあったと考えられます。日本に縄文遺跡が多数見つかっているのは、おそらく日本列島にたどり着いて住み着いた人々のほうが、移動の途中でアジア各地にとどまった人々よりも多かったということではないでしょうか。

そうして日本にやって来た人たちが日本人の原型となりました。さまざまなルートをたどって日本にやって来た人たちが混淆《こんこう》して日本人の原型をつくったと考えることができます。日本人はモンゴル、朝鮮、漢民族などのように単一民族から形成されているわけではありません。今日のDNA鑑定によって明らかになっているように、非常にバラエティに富んだ民族です。現在、日本の周辺にある国の民族とはDNAが違うのです。ということは、孤立した縄文人が旧石器時代からすでに日本にいたのです。

その人たちは太陽信仰を精神的な拠り所にして日本にやって来たのです。唯物論者は食糧を求めて来たとしかいいません。物質的なことでしか人間を理解しようとしないのです。それは人間理解という点では不十分です。太陽信仰のような宗教的な要素は、人間にとって経済的なものよりもさらに強い行動のモチベーションになります。宗教をアヘンのようなものだといって否定的に捉えるようなマルクス主義的な見方では、正しい歴史は見えません。現実を見ても、宗教がまさに大きく世界を動かしていることは明らかです。そこを見なければ、社会の動きはわかりません。

◉縄文・弥生時代の記憶に基づいてつくられた高天原神話

縄文時代になると、日本最初の土器がつくられます。一万六千五百年前のことです。この土器は網目模様をもった非常に特殊な土器でした。この土器を使って調理をはじめました。それ以前の土器は単なる貯蔵のためのものでしたが、調理をするという新たな用途が出てきたわけです。これは人々が定住して食生活が安定しはじめたということでしょう。

この土器は大型なのです。それをもって移動するわけにいきません。

それまでは漁労、採集、狩猟といった、その場しのぎの食体系しかありませんでした。それゆえ、民族は移動していったのです。しかし、一万六千五百年前の縄文時代に定着という文化が生まれたのです。出土する土器の数から見ても、おそらく定住生活がはじまったのは世界でも日本が一番早かったと推定されます。土器そのものは旧石器時代からあったわけですが、一カ所に定住して煮炊きをはじめるという点では、日本が一番早かったと思われます。

シュメールや中近東などでは九千年前から定住生活がはじまったといわれてきました。中国ではもっと前から定住していたといわれますが、発見された遺跡は日本ほど多くはありません。これからも各国で古い遺跡は見つかると思いますが、日本ではすでに関東・東北を中心に非常に多くの遺跡が発掘されています。ここからも日本の縄文という時代が世界的にも重要な定住の歴史を示していると考えられます。

では、縄文の歴史とはどういうものだったのでしょうか。最も重要なのは、その中心が日本列島の西ではなくて東にあったということです。九州や関西ではなく、関東・東北にあったということなのです。

関東には日本で唯一ともいえる大きな平野があります。その土地は関東ローム層という富士山の火山灰によってつくられた土壌ですから、必ずしも農耕地として適しているとはいえません。しかし、全体の九五％以上といわれるほど、縄文時代の遺跡は関東・東北に圧倒的に多いのです。千葉、東京あたりには多くの貝塚が発見されています。土器・土偶も数多く見つかっています。

縄文時代というと、これまでは単に人々が竪穴住居をつくって生活をしていたとしかいわれてきませんでした。しかし私は、七世紀から八世紀にかけて書かれた記紀、すなわち『古事記《こじき》』や『日本書紀《にほんしょき》』に記されている高天原《たかまがはら》神話の中に縄文あるいは弥生時代の歴史の記憶が反映されていると考えています。

高天原という国は神話の世界の話で、どこだかわからないけれども垂直方向に天というものを想定したのだろうと考えられてきました。いわば非現実的で荒唐無稽な話で、戦後になると高天原は幻想に過ぎないとして無視されてきました。また記紀そのものも、高天原に天皇の祖先である瓊瓊杵尊（ニニギノミコト）が天孫降臨される前に多くの神々がいたと書くことで日本の天皇家の正統性を示す根拠としようと、天武《てんむ》天皇、持統《じとう》天皇、そして藤原家によって捏造されたものだといわれてきました。これが津田左右吉《そうきち》をはじめとする戦後の記紀否定論になりました。

しかし、高天原の物語とは単なる幻想や作り話ではなく、実は縄文・弥生時代の記憶をもとにつくられた現実と密着した話なのではないかと私は考えるのです。

たとえば『日本書紀』の景行《けいこう》天皇の二十七年の記事に、「東夷の中、日高見国《ひたかみのくに》あり、その国の男女、並びに椎結文身（髪を分け入れ墨を入れ）し、人となり勇悍《ゆうかん》なり、これ総て蝦夷という（東夷之中、有日高見國、其國人男女、並椎結文身、爲人勇悍、是總曰蝦夷）」とあります。また日本武尊（ヤマトタケルノミコト）の陸奥《むつ》における戦いのあとの描写では「蝦夷すでに平らぎ、日高見国より帰り、西南常陸を経て、甲斐国にいたる（蝦夷既平、自日高見國還之、西南歴常陸、至甲斐國）」と書かれています。

これらの記事だけではなく、鎌倉時代に作られた『釈日本紀《しゃくにほんぎ》』には「第三十六代孝徳《こうとく》天皇の御世つまり大化改新の時代に、茨城に新しい行政区として信太《しだ》郡がおかれたと『風《ふ》土記《どき》』の常陸国《ひたちのくに》（現在の茨城県）編に残っているが、この土地がもと日高見国と呼ばれた地域である」という解説があります。また、平安時代につくられた『延喜式《えんぎしき》』に定められた祝詞「大祓詞《おおはらえのことば》」にも、日本全体を示す「大倭日高見国」という言葉が使われています。

さらに『旧唐書《くとうじょ》』という中国の歴史書にも「大倭日高見国」という言葉が盛んに出てきま

す。

この「大倭日高見国」という言葉は、大倭の下に書かれていることから奈良の大和を示すのではないかと類推されていました。しかし、どうもそうではなく、奈良の向こう、日本の東半分に日高見国という別個の国があったということではないかと思われるのです。日高見国とは「太陽が昇るところを見る国」ですから、奈良であるとは考えられないのです。東の関東・東北を想定することによってはじめて、太陽が高く昇るところにある国だから日高見国という名がついたということが理解できるのです。

『延喜式』にある「延喜式神名帳《じんみょうちょう》」を見ると、江戸時代まで天皇家と関係する神宮は三つしかなかったことがわかります。その三つとは、「大神宮（伊勢神宮内宮）」（三重県伊勢市）「鹿島神宮」（茨城県鹿嶋市）「香取神宮」（千葉県香取市）です。三つのうちの二つが関東にあり、しかも互いの距離は二十キロほどしか離れていません。そして、この二つの神宮は垂仁《すいにん》天皇の御代に建てられた伊勢神宮よりもはるか昔に創建されていることが明らかになっています。

鹿島神宮と香取神宮は今では千葉と茨城に分かれていますが、どちらも常陸《ひたち》国にありました。一つの国に天皇家と関係する二つの宮があるというのは、そこが日高見国がある場所であり、そこに天皇家の故郷、すなわち高天原があったとは考えられないでしょうか。

◉日本は村落共同体が緩やかに結びついてつくられた国

日高見国は日本国史を考える上で非常に重要な存在です。これまで竪穴住居に住む人々が群をなして村をつくっていたと考えられていた縄文・弥生の時代に国があったということになるからです。

国というと一般的に近代国家を考えますから、法律があり、警察や軍隊をもち、領主や首長がいると思いがちです。しかし、必ずしもそうではありません。国の中には家族共同体が緩やかに結合していく形もあり得るのです。日本では国に「家」の意味がついて「国家」という言葉を使います。家族が中心であるというのが日本の国柄なのです。家族が住む場所が大きくなると、その場所全体が「共同体という家族連合」として認識されます。そのような集落がいくつもつながっていくと、そこに国に似た形が成立することになります。

それを如実に示しているのが、冒頭にあげた縄文遺跡の典型である三内丸山遺跡です。

平成六（一九九四）年に発表されたところによると、三内丸山遺跡は紀元前五一〇〇年から三八〇〇年前までの間に形成されて存続した集落で、常時六百人ぐらいの人々がいたと推定されています。三内丸山遺跡は明らかに一つの村落をつくっているのです。それならばほかはどうだったのかと考えると、それほど大きくなくても必ず各地に村落共同体のようなものがあったということが十分に想定できます。

それ以後の歴史を見ると、日本の村落は三内丸山と同様、四百人から六百人程度の集落を基本にしていることがわかります。たとえば江戸時代の元禄《げんろく》十（一六九七）年に全国の村の数は六万三千二百七十六ありました。そして十八世紀から十九世紀の日本の村の平均的な人口は、だいたい四百人から六百人とされています。つまり、江戸時代まで日本人は三内丸山にいた人たちと同じような規模の村落を維持して生きてきたわけです。

大陸では、広大な土地を狩猟民族や遊牧民族が占拠し、戦いを繰り返しながら国をつくっていきました。しかし、日本では五百人前後の人たちが一つの場所に集まって、栗を主食としながら、狩猟、漁労、採集をする村落として定着していったのです。日本という国はこういう村落が一つの単位となり、それが集まることによってつくられていきました。村を形成する各地の氏族たちが交流し合い、だんだんと広がっていったのです。

縄文遺跡の分布図を描くと、だいたい甲信越から関東・東北に密集しているのがわかります。私はそこに道があったと考えています。遺跡がずっと連続的に続いているからです。道を通って互いに連絡し合い、通商関係が生まれ、さまざまな物資の交換が行われていたのではないでしょうか。道があることによって長い距離を旅することもできたのではないかと思います。

◉高天原は関東にあった!?

そのようにして形成された村落に共通の信仰が生まれた可能性もあります。その信仰とは太陽信仰です。そう考えると、記紀の神話の中に天照《あまてらす》信仰が出てくる意味がよくわかります。もともと天照信仰というものが縄文文化の中にあったのです。それは日が昇る方角である関東・東北に人々が住んでいること、そして日高見国という言葉が残っていることからもうかがえます。

私は、高天原は関東にあったという説をとっています。それは先に述べた鹿島、香取という天皇家と強いつながりのある大神宮が関東にあることが一つの理由です。鹿島は「鹿の島」と書きますが、香取も「鹿を取る」で鹿取と書くことができます。香取神宮が創建されたころはまだ漢字が使われていませんでした。七、八世紀の『風土記』が書かれた時代に漢字を当てはめて名づけたわけですから、香取が鹿取であったとしてもおかしくはありません。

この「取」という漢字は狩猟民族を表しているようです。鹿島も香取も狩猟民族系の名前だったということが、後に漢字を当てはめるときの拠り所になったと思われます。同じように、男鹿半島、女鹿《めが》、鹿角《かづの》のように「鹿」という字のついた地名がいまも残っていますし、熊野神社の「熊」も重要な狩猟の対象です。また、貝塚というのはまさにそうですが、五百人前後の単位で暮らしていた人々が海の幸や山の幸の名前のついた場所にいたことが考えられます。

三内丸山遺跡から南へ八十キロほどの距離に大湯環状遺跡（秋田県鹿角市）という二つの大きなサークルからなる遺跡があります。ここは現時点で日本最大のストーン・サークルで、太陽や月の測定に関係する遺構と見られています。同様に日時計のような役割をしていたと考えられる環状遺跡は東北・関東に数多く見られます。群馬県安中市で見つかった天神原《てんじんばら》遺跡や野村遺跡、東京の町田市で見つかった田端《たばた》遺跡などもそうです。また環状遺跡の中には共同墓地であったと考えられているものもあります。

このような遺跡も、太陽信仰や自然信仰があったことを裏づけています。同時に鹿島、香取という二大神宮を中心にした祭祀国として日高見国の存在を裏付けているといえます。

私は、日高見国が成立してかなり長い間、縄文時代が続いていたと考えています。人々が豊かな自然と調和した生活をしていたのではないかと推測しています。そういう想定をすると、日本人の原型は縄文時代にあるということがわかってくるのです。

しばしば指摘されるように、日本人は精神的にも自然と通じ合い、自分の生き方を自然の一部と考えて互恵関係をつくりながら暮らしています。そのような自然の循環の中に生きるという考え方が、すでに縄文の時代にできていたのです。そしてそれは太陽が昇る場所にいることによって実感できたことなのではないかと思うのです。

◉縄文土器の縄目文様に込められた古代人の願い

縄文時代中期になりますと土器の種類が非常に豊かになります。これらの土器の多くには表面に縄目の文様がつけられています。そこから、**縄文土器**と呼ばれています。

なぜ縄目の文様がつけられたのでしょうか。学者たちは記録がないからと、はっきりしたことを答えてくれません。そのころは文字を必要としなかったのだから、記録がないのは当たり前です。しかし、古くから日本人の暮らしの中にあるものを通して、推測することはできます。

文化というものは人間にとって非常に重要なもので、その時々の精神のあり方が歴史を変えていきます。決して物質的な欲望で動くわけではありません。土器に文様をつけるというのもそうです。土器を単なる容器と考えるのなら、わざわざそんなことをする必要はないはずです。では、なぜ文様をつけるかというと、食べ物に対する信仰があったからです。食べ物を煮炊きすることは単に物質的な問題ではなくて信仰の一つなのです。そこには自然を尊ぶという精神性があるのです。

縄で思い浮かぶのは、神社の拝殿の正面に飾られている注連縄《しめなわ》です。神木とされる巨木の幹にも注連縄が巻かれているのを見かけます。お正月の玄関飾りも多くは縄でできています。これらは張られた縄の内側が清らかで神聖であることを示しています。縄は外から穢《けが》れたものが入ってこないようにする境界でもあったと思われます。

神道は縄文の時代にはじまったのではないでしょうか。神道の精神性がまさに縄文土器の文様に表現されているように見えます。縄目の文様という装飾で土器を飾ることによって、中の食べ物を神聖なものとして見る、あるいはそこに霊的なものを見るということがあったように思うのです。

貯蔵用にしろ煮炊き用にしろ、土器の内側に入れられるのは大切な食べ物です。穢れ、非衛生的なものが入ってはなりません。縄目の文様はそれを防ぐ意味があるのでしょう。また、土器が、清らかで神聖なものだという気持ちを表していると思います。祖先たちは清らかなものを大切にする気持ちが強かったのです。

それは縄文時代の人々にとって非常に重要なことだったのです。そのため、文様の形は単純なものであったにせよ、ずっと一貫して縄目の文様をつけたのです。

◉火焔土器が表す日本人の水信仰

縄文土器の文様の変遷は現在も研究されていますが、特に関東・東北から出土している縄文土器は縄目を太くして、装飾を非常に美しくつくるという特徴を示しています。関西にはこういう土器がありません。土器はあってもそれを飾るということをしないのです。

そこからも、関東・東北にいた人たちがいかに装飾を大事にしたかがわかります。

いまから約五千年前の縄文中期になってくると、関東・東北だけではなく甲信越あたりの土器が非常に豊かになってきます。特に新潟の信濃《しなの》川沿岸の十日町市や新潟市で見つかった縄文遺跡からは国宝になったような土器が出土しています。

これらの遺跡から出てくる土器は火焔《かえん》土器といわれます。装飾性の強い、炎を思わせるダイナミックで躍動的な造形が特徴ですが、よく調べると面白いことがわかってきます。

火焔土器という名は土器につけられている文様が火焔のようだということからつけられました。しかし、よく見るとあの文様は水の流れを表す水紋なのです。

火焔型土器　国宝　新潟県十日町市笹山遺跡出土（十日町市博物館蔵）

なぜかというと、火焔は渦を巻かないからです。巻くことがあったとしても非常に稀です。一方、それらの土器が出てきたのは信濃川流域ですから、火焔ではなく水紋だと考えれば納得できます。穏やかな水の流れがつくる水紋もあれば、渦巻く濁流が水害を引き起こすこともあります。日本の文化を見れば、他国との戦争よりもはるかに重大なのは自然災害です。それは日本人の生活あるいは精神性にとって非常に大きな影響を及ぼしています。

自然というものが日本のさまざまな芸術の主題になっていることは明らかですが、それだけではなく、自然を神と見なし、生活そのものの中に自然を取り入れて治めようとする精神性が日本人にはあるのです。

そう考えると、先に述べたような土器の中のものを慈しみ、それを神と見るという精神と同様、川の流れの凄まじい動きを渦と見て、それが縦に動いたり横に動いたり、しぶきが飛び散るような文様をつけたのが火焔土器の本来のモチーフだったと考えることもできるはずです。

それは、必ずしもそのころの信濃川の流れを観察して描いたものではなく、川の流れが人間を巻き込んでいったということです。水害もあれば旱魃《かんばつ》によって水が絶えてしまうこともあります。このように水によって人間の生活が左右されるということが、逆に水に対する信仰へとつながり、水に対する敬愛となり、それを神格化することになるのです。

そういう信仰は日本にはずっと続いています。水や渦というものが絵画に描かれるという観点でいえば、葛飾北斎《かつしかほくさい》まで考えることができます。生活の中のモチーフとして水の重要さがあるわけです。それが一目で分析できるのが信濃の火焔土器です。

ここ一帯だけではなくて、長野にも豊かな装飾を施したたくさんの縄文土器が出てきています。これも芸術的であって、岡本太郎は「四次元の表現だ」といって感激したそうです。

結局それらは自然信仰で、水信仰というものが強かったということです。火、空気、土、水という四元素に対する神格化があったのです。これはある意味で世界の東西に共通しています。しかし、その表現が渦とか水がはねたり波となって打ちつけたりという写実的な形からはじまっているのが国宝となった縄文土器の典型です。

私は世界中の博物館をめぐり、数え切れないほどの土器を見ていますが、火焔土器のような造形的にすぐれた素晴らしいものはほかにありません。火焔土器は日本最初の芸術作品といっていいでしょう。火焔土器には言語では表現しきれない造形の抽象性、非写実性があります。しかも、確実に美的意識が存在しています。大陸のいかなる文化と比べても、こんなにユニークで、精神性の強い表現はありません。そこには自然に親しみ、おそれ敬い、それを形にとらえて表現した祖先たちの心が感じられます。

◉記紀に描かれている日高見国誕生のストーリー

信濃川は長野に入ると千曲川《ちくま》と呼ばれます。長野は信濃川の上流にある土地ですから、当然そこには行き来があったでしょう。そこでの交流が甲信越の文化に影響を与えて、芸術作品ともいえる素晴らしい縄文土器が新潟、長野、群馬あたりに生まれたと考えられます。

こうしたところからも関東を中心とした日高見国という緩やかに形成された氏族連合国家が東日本に広がっており、それが鹿島・香取といった二つの神宮を中心とする祭祀国であったということが十分に予想できるのです。そして、そこに高天原という記紀に書かれた神話の国が重なっていくのです。

記紀神話によると、高天原には最初に天之御中主神（アメノミナカヌシノカミ）と高御産巣日神（タカミムスビノカミ）と神産巣日神（カミムスビノカミ）という三柱の神が出てきます（神は柱と数えます。もともと神は樹木に宿ると考えられていたからでしょう）。日高見国は太陽信仰の国だと考えられますが、『古事記』に出てくる神々の発生の経緯を読むと、まず天地があってその混沌の中から三人の独立した神が出てきたことが書いてあります。

つまり、まず天と地という自然があったのです。天地という言葉は「あめつち」という日本語の音に漢語を当てはめたもので、太陽を含めた自然全体のことを指しています。

この天地は非常に混沌としたものでした。大地は水に浮いた油のようで、クラゲのように海面を漂っていたと書かれています。形のない、混沌とした様子が目に浮かびます。その形のない世界に「葦の芽」のような最初の生命が生まれます。そこに天之御中主神と高御産巣日神と神産巣日神という三柱の神が現れるのです。

最初に現れた天之御中主神は太陽神、自然神であり、中心の神です。この天之御中主神は日高見国の最初の頭首であると考えられます。そのあとに高御産巣日神と神産巣日神という「ムスビ」と名のつく二神が現れます。この「ムスビ」には人々を結ぶ、統一するという意味があります。特に二番目に現れた高御産巣日神は日高見と非常に音が似ているところから、日高見国を統率した氏族の系譜として見ることができます。高御産巣日神が日高見国の統治者として統一していったのでしょう。

日本における神の名前は、何代かを経て長者として認識された家の「家系」を神の名前に託して天地創造の物語にあてはめて呼んだものと思われます。たとえば天照大神（アマテラスオオミカミ）は時間的にとらえるとかなり長い間、神話に登場し続けます。つまり、アマテラスというのは非常に長く続いている母系制の家系で、その系統の人々をみな、アマテラスという「家系」として呼んだのだろうと考えられます。

また、神は地域によって違う名前で呼ばれています。たとえば大国主命（オオクニヌシノミコト）は奈良の三輪山では大物主（オオモノヌシ）という名で呼ばれ、現在の兵庫県にあたる播磨《はりま》国の『風土記』では大己貴（オオナムチ）として登場します。オオナムチは『日本書紀』ではオオアナムチとなっています。

同じ家系の人々の統治が続けば、地域によってその家系の人々を、たとえばオオクニヌシという名で呼んで一体化し、尊んだり畏れたりするということがあったのでしょう。それぞれの神はそれぞれの役割をもつ「家系」として存在していたのだろうと推定できるのです。

この高御産巣日神も後の天照大神の話に出てきますし、さらに天孫降臨のときには高木神（タカギノカミ）の名で出てきます。天孫降臨をする瓊瓊杵尊（ニニギノミコト）は天照大神の子である天忍穂耳命（アメノオシホミミノミコト）と高御産巣日神の娘の栲幡千千姫命（タクハタチヂヒメノミコト）の間に生まれた子です。これは高御産巣日神がずっと一つの「家系」として続いていたことを示しているようです。

そういう「家系」をもつ氏族はだいたい関東にいたのでしょう。それによって後に日高見国が高天原として認識されることになり、氏族として存在していた人たちの名が神の名前に反映されて、日本の神話がつくられたのだろうと推測できます。ここから高御産巣日神が現れ、後に天照大神ら天津神（アマツカミ）たちが活動の場とする「高天原」とは関東を指しているということができるでしょう。つまり、関東から日本の歴史ははじまったのです。

[コラム]土偶にはなぜ異形のものが多いのか？

縄文土器とともに出土したものに**土偶**があります。これは土でつくった人形です。土偶は、女性をかたどったものが多く見つかっています。出産ということが神秘的に感じられたからなのでしょう。また、土偶には異形《いぎょう》のものも多く見つかっています。それはどうしてなのか。私はこんなふうに考えています。

このころは近親結婚が多かったのです。それは神話で**伊邪那岐**（イザナギ）と**伊邪那美**（イザナミ）が兄妹婚をしたことが普通に述べられていることからもうかがえます。しかしその結果、伊邪那岐と伊邪那美の間には最初、蛭子《ひるこ》という障害のある子が生まれました。伊邪那岐と伊邪那美はなぜこのような子ができたのかと高天原の神に問います。しかし神も結局はよくわからず、ただ結ばれるときに女神である伊邪那美のほうから声をかけたことがよくなかったといい、次は伊邪那岐のほうから声をかけなさいとアドバイスをします。それに従ったところ、今度はまともな子ができたという経緯が『古事記』には書かれています。

文化人類学的にいうと近親相姦《きんしんそうかん》は自然状態であり、それをタブーにしたり禁忌して克服したときに初めて文化がはじまるという定義があります。しかし、私は必ずしもそうではないと考えます。母系制という家族制度の中では近親相姦的なものはずっと続くのです。しかし、それゆえに生まれた子には病気も多かったのでしょう。そのことが土偶の異常な体型に反映されているのではないかと考えます。異形の人々をおそれる気持ちと敬う気持ちがこうした異形の土偶をつくらせたのでしょう。

日本は日高見国の建国以来、だんだんと安定してきた国です。これは非常に豊かな縄文の狩猟、漁労、採集の生活によって栄養が十分とれた人たちが日高見国時代をつくってきたからです。伊邪那岐、伊邪那美も日高見国の統治者の系統の中にいたのでしょう。そして、だんだんと母系制になってくる中で蛭子が生まれたわけです。これは一つの悲劇ですが、同時に蛭子は神でもあるので決して見捨てられることはありませんでした。後には神として神社に祀られることにもなりました。その神としての姿が土偶なのだと私は考えて

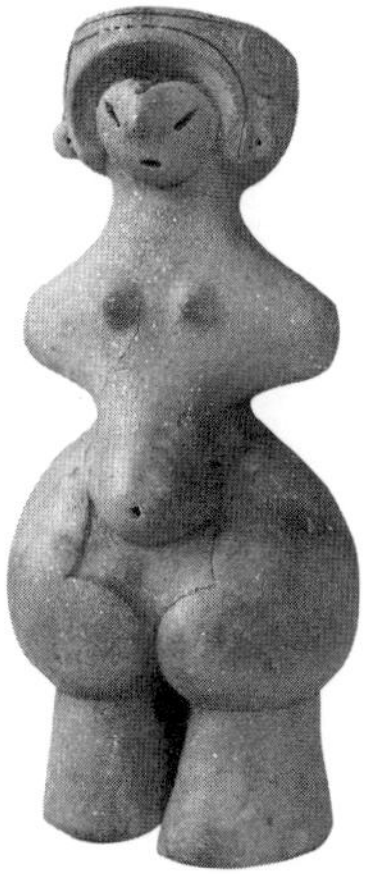

縄文のビーナス　国宝　長野県茅野市棚畑遺跡出土（尖石縄文考古館蔵）

います。

土偶というものは南米にも存在します。南米の土偶はほとんどが奇形です。精神を患っているような姿のものもあります。土偶にされたのは異形の人たちだったということがわかります。しかし、それは偶像化することによって神として祀られ、霊的な存在として重要視されたのではないでしょうか。

第二章

天孫降臨——関東から九州へ、船で渡った瓊瓊杵尊

◉大国主命の国譲りは日高見国への恭順を表している

紀元前二万年ぐらいに氷河期が終わります。これによって日本が大陸と地続きであった時代も終わりました。そのあたりから縄文時代がはじまり、独立した文化が生まれました。旧石器時代にはナウマンゾウなど大陸からいろいろなものが入ってきたため、独立しているとは必ずしもいえない状態でしたが、縄文時代になると独自の文化が現れるようになりました。

縄文中期が五千年ぐらい前だとすると三千年ぐらい前から気候変動が起こり、だんだん寒くなってきました。それを主な原因として関東・東北に集中していた人口が南下し、西に向かいました。それに伴い、西日本の人口が増加していきます。これには海外からの移民、帰化人が入ってきたことも関係していると考えられます。

このようにして関西という地域が大事になってきました。帰化人勢力が西日本で次第に強くなってくると、東日本にいた日高見国の統治者たちは西日本を統一しなければならないと考えるようになりました。それを実行に移したのが天孫降臨です。

天孫降臨は日高見国の中心地である鹿島から九州の鹿児島へ船で移動していくことがはじまりだったと私は考えています。その第一の目的は、朝鮮半島を通って次々に渡ってきていた帰化人たちから九州を守ることです。

その前段階としてあるのが出雲《いずも》の神話です。奈良に大和朝廷ができるまで東にある日高見国が西を支配していくプロセスが波状的にずっと続くのですが、その一つとして大国主命（オオクニヌシノミコト）の国譲りの神話があるのです。まずはそこからお話ししてみましょう。

関東・東北を中心とした縄文の時代は紀元前二千年ぐらい前まで続きますが、弥生時代に近くなってくるときに、だんだんと西に人口が移動していきます。

同じ時期に大国主命あるいは関西系の氏族が非常に力をもつようになりました。大国主命は天照大神から朝鮮あるいは西のほうの海の管理を命じられた素戔嗚（スサノオ）の子孫で、出雲に割拠していました。そして九州・中国・近畿という西日本を統治していました。

そこに天照系、つまり東日本の日高見国系の人々が「国を譲れ」といって何度か使節を送りました。その最後に送られたのが建御雷神（タケミカヅチノカミ）です。建御雷神は

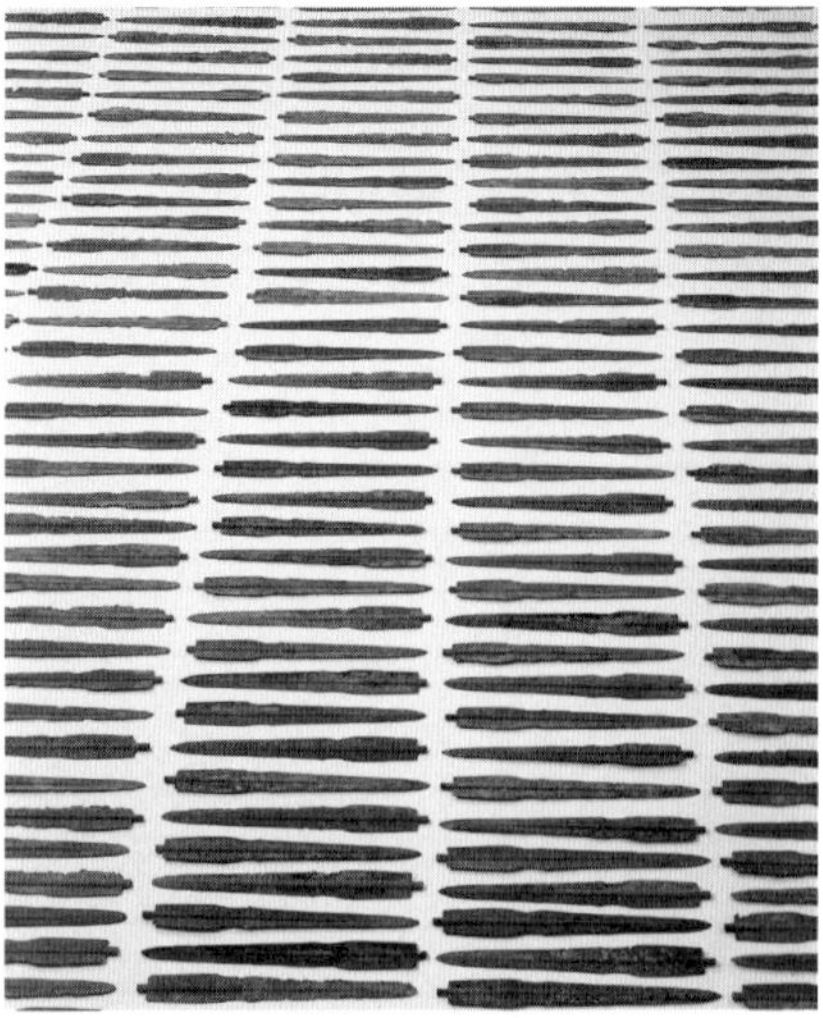

荒神谷中細形銅剣（文化庁所蔵　写真提供：島根県立古代出雲歴史博物館）

強力な刀の神様で、鹿島神宮の祭神です。建御雷神は大国主命の三番目の息子の建御名方神（タケミナカタノカミ）と稲佐の海、つまり出雲で相まみえました。その結果、戦わずして建御名方神が諏訪《すわ》に逃げたということが神話に書かれています。

　昭和五十九（一九八四）年、その神話に対応する考古学的な発見がありました。出雲の荒神谷《こうじんだに》という場所で発見された荒神谷遺跡から三百五十八本の銅剣が出土したのです。どんな目的でこれだけ多くの銅剣が一つの遺跡から出てきたのか、考古学者も出雲の郷土史家も解釈しかねています。しかし、その理由は簡単なことです。銅剣を見ると、バッテン（×印）がついているのです。これは「もう使えない」という意味です。使えなくなったから捨てた、あるいは山の神に奉納したのです。

　これを「国譲り」の神話と重ねて解釈すると、出雲のほうの氏族たちが日高見国に対して恭順の意を示すために銅剣を全部集めて象徴的にバッテンをつけて捨てたと考えることができます。それが日高見国と出雲の関係だったと思います。これだけの大量な銅剣が一カ所から出てくるのには必ず意味があるはずです。

建御名方神が逃げた諏訪は地図を見ると日本の真ん中にあるようですが、甲信越というのは日高見国が支配する関東なのです。つまり、建御名方神は東の内部に連れて行かれて、高天原系に従ったということになります。

◉天孫降臨はフィクションではない!?

出雲系が高天原系に国を譲ったあと、大陸から来る帰化人たちが多くなりました。同時に北から南下してきて西に定住する人たちも増えてきたため、関西が非常に重要になってきました。中国との関係も大きくなってきました。中国では秦《しん》の始皇帝が統一を果たし、その命を受けた徐福《じょふく》が不老長寿の薬を求めて日本にやってくるなど、日本を脅かす存在として意識されるようになってきたのです。

そうした危機感を背景にしてはじまったのが天孫降臨です。これは高天原系の統治者が瓊瓊杵尊に命じて九州から西半分の国々を統一しようとする大きな動きです。天孫降臨というと、今までは天から下に降りてくるという一種の幻想、フィクションとして考えられていましたが、そうではないのです。

これは鹿島と鹿児島のつながりから考えることができます。「かしま」が「鹿島」と表記されるようになったのは『続日本紀《しょくにほんぎ》』（七九七年成立）が最初で、それ以前の古い文献を見ると頻繁に「香島」と書かれています。この「香島」は「かぐしま」といっていた可能性もあります。

鹿児島という地名がなぜついたかわからないと鹿児島県の人たちもいいます。いろいろな説はありますが、わからないようです。しかし、鹿島を香島、さらに「かぐしま」ととらえると、天孫降臨の地である鹿児島とほぼ同じ名前になることは重要です。この名前の関連は、明らかに鹿島と鹿児島の深いつながりを示しているといえるでしょう。おそらく、鹿島から鹿児島へ船で移動する航行ルートが存在していたのではないでしょうか。

鹿島では十二年に一度、「御船祭」という大規模な祭りが開催されます。これは鹿島神宮本社と坂戸、沼尾の三社から、三艘の船を香取神宮に向かって出す祭りです。しかし、鹿島神宮から香取神宮までという近い距離を行き来するためにわざわざ船団を組む必要はないはずです。これは鹿島から鹿児島まで船団を組んで向かった記憶がもとになっているのではないかと私は推測しています。

旅の出発を示す「鹿島立ち」という言葉があります。白村江《はくすきのえ》の戦い（六六三年）で敗れた日本軍は大陸からの侵攻に備えて九州に兵を送りました。鹿島立ちとは、常陸国で集められた防人《さきもり》が鹿島から九州に船で出発することをいったのです。この鹿島立ちは御船祭とも関連付けることもできるでしょう。さらにさかのぼれば、天孫降臨の出発もまた鹿島立ちと関連付けることができるのではないでしょうか。

興味深いのは、鹿児島県に諏訪神社が多くあることです。建御名方神に連なる人々、つまり大国主命に連なる出雲系の人たちは、国譲りのあと、強制か自主的かはわかりませんが諏訪に移住していたのでしょう。そして鹿児島に諏訪神社が多いというのは、諏訪にいた出雲系の人たちが高天原系の軍団に加わって、ともに鹿島から鹿児島へ向かったと推定されるのです。

鹿児島県の隼人《はやと》（霧島市）に天降川《あもりがわ》という川があります。この川を上っていくと霧島連山に至ります。鹿島から鹿児島に向かった瓊瓊杵尊の一行は、おそらくこの地に着いたのではないでしょうか。

◉瓊瓊杵尊よりも先に天孫降臨していた饒速日命

ところで、この瓊瓊杵尊の天孫降臨より前に、すでに奈良の大和は高天原系・日高見国系の人たちによって占領されていました。それは饒速日命（ニギハヤヒノミコト）の天孫降臨によるものです。

饒速日命は神倭伊波礼毘古命（カムヤマトイワレビコノミコト＝神武《じんむ》天皇）が日向から東征をはじめて大和に来る前に、その地を統治していたのです。そして、この饒速日命は高天原系・日高見国系だと考えることができるのです。

伊波礼毘古命（イワレビコノミコト）が東征によって大和に来たとき、饒速日命は最初、長髄彦（ナガスネヒコ）を使って戦います。しかし、後に伊波礼毘古命と対面したとき、自分が天孫降臨したことを明らかにして、その証拠品を見せています。

そのとき饒速日命は天磐船《あまのいわふね》に乗ってきたといっています。饒速日命を祭る神社は千葉や茨城に二十五社もあり、伊勢にも三十～四十社あります。ここから饒速日命は鹿島から船で伊勢に向かい、伊勢から大和へ入ったと考えられます。このように神社が後付けする形で、瓊瓊杵尊の天孫降臨より前に天孫降臨して大和に入っていた高天原系・日高見国系の人たちがいたことを証明しているわけです。

海と天はどちらも「あま」と読みます。海を見ていると水平線のところで天とくっついているのではないかと、あの時代の人々が考えたことは十分に想像できます。したがって、天という言葉を使いながら海から行く人たちがあったことは十分に予想されます。

そういう日本の中での平行移動を垂直的に考え、神話化したのが天孫降臨というものだったのではないでしょうか。

第三章　大和時代——神武天皇と日本の統治

◉神武天皇は神話ではない――古墳が示すその理由

これまで日本の歴史は縄文時代、弥生時代、古墳時代というように残された遺物の名称で時代区分をしてきました。しかし、私は新しい歴史として二つの主張をしています。一つは古墳時代以前の日本に「日高見国《ひたかみのくに》」という国があったということ、もう一つは**神武天皇**《じんむ》が橿原宮《かしはら》に都を置かれたあとの時代、いまは古墳時代と呼ばれている時代を「大和時代」と呼ぶことができるのではないかということです。

古墳時代には世界でも珍しいほど祖先を大事にする文化が発展しました。つまり巨大な前方後円墳をつくり、死者を神と崇めて信仰したのです。その精神性が神道の根源となって展開したのが古墳時代、私のいうところの大和時代だったと思います。

その大和時代は神武天皇の即位によって幕が開きます。

二月十一日は日本の建国記念の日です。これは、初代神武天皇が即位された日を現代の暦に合わせて決めたのです。昔は紀元節と呼び、学校などでも式典を行いました。しかし、いまはこの日をお祝いの日として、学校で式典をやったりはしていません。それというのも、戦後、学者の多くが神武天皇の存在した証拠はないと、その存在を否定したからです。

神武天皇が即位された年が紀元前六六〇年であるというのが、神武天皇の存在を否定した何よりの理由でした。そのころはまだ縄文時代です。もっとも現在では、そのころは弥生時代に入っていたという説も出されています。いずれにせよ、そのころに国があったはずがないというわけです。

しかし、よく考えてみてください。今年は二〇二二年で、二十一世紀だなどといっています。これは西暦で、キリストが生まれた年を一年としたものです。でも、本当にキリストという人がその年に生まれたかどうかは、誰にもわかりません。キリストは『新約聖書』に書かれているだけの存在で、本当にいたのかどうかもわかりません。ただ、キリスト教徒が、キリストはその年に生まれ、確かに存在していたと信じているだけです。キリストも神武天皇と同じように、神話の中の存在なのです。

キリスト教の国が世界の大勢を占めるようになり、暦は世界共通のものを使ったほうが便利だということで、私たちも西暦を使い、今年は二〇二二年だといっているのにすぎません。それを真実のように受け入れて、その一方で、日本の神話を否定するというのはおかしなことです。神話は神話の中に込められた真実を汲み取り、それを国民が納得していればいいのです。

『古事記《こじき》』と『日本書紀《にほんしょき》』。この二書は内容が少し異なるところもありますが、神武天皇は百二十七歳まで生きられたとなっています。崇神《すじん》天皇は百二十歳で崩御されたとされています。初めのころの天皇はみな長寿になっています。

これは現実的ではないと思われるでしょう。この寿命の長さも神武天皇の存在を否定する材料になっています。

しかし、これにはいろいろな説が立てられています。

そのころは一年を二歳と数えたのだという学者もいます。中国には辛酉《しんゆう》革命という説があって、これを信じて神武天皇の即位の年に当てたのだと唱える学者もいます。これは千三百四十年ごとに社会が大きく変動するという考え方で、天武天皇が『日本書紀』をつくることを決めたのが天武天皇十（六八一）年、それから千三百四十年前を神武天皇即位の年としたというわけです。そこから初めのころの天皇の在位年を割り当てていったので寿命が長くなったというのです。あるいは、偉大な初期の天皇を尊敬する気持ちから寿命を長くしたという考えもあります。

しかし、このようにいくら数字をいじり回しても、何の意味もありません。大事なのは神武天皇の事跡とそれに見合う遺跡や遺物があるかどうかです。

まずくわしく『古事記』と『日本書紀』を見てみます。すると寿命が長い天皇は初代の神武天皇から十六代の仁徳《にんとく》天皇までで、十七代の履中《りちゅう》天皇からは普通の寿命になっていることがわかります。履中天皇は在位五年でした。その後の天皇も長くてせいぜい四十年ほどです。平均の在位年数は十年ぐらいになっています。当時の日本人の平均寿命はいまよりずっと短く、また天皇の在位も終身でなかったりしましたから、平均十年の在位はまず穏当なところといえます。

この天皇在位平均十年説を採って、最近、神武天皇は西暦二八〇年ごろに実在した人物と見るのが妥当、という説を唱える人がいます。私はそれよりももう少し早く、三世紀はじめごろまでと考えます。そう考える根拠があるのです。それは古墳です。

前方後円墳のような巨大古墳が築かれたのも、古墳が日本全国に広がっていったのもこの時代です。古墳文化によって日本の文化が統一されているのがわかります。このような時代に日本国内を統一した統治者がいなかったはずがありません。それが神武天皇だと考えられます。

このことは神武天皇の事跡をたどるとさらに明確になってきます。

◉神武東征によって誕生した大倭日高見国

いままでの古代史は西日本が中心で、東半分についてはほとんど語られることがありませんでした。しかし、日高見国が東日本にあったと考えると、東が西を支配しようとする動きとして歴史を捉え直すことができます。

鹿島から鹿児島に天孫降臨した瓊瓊杵尊（ニニギノミコト）は土地の豪族・大山祇神（オオヤマツミ）の娘・木花之開耶姫（コノハナサクヤヒメ）を娶《めと》ります。そこから生まれたのが、火照命（ホデリノミコト＝海幸彦《うみさちひこ》）・火闌降命（ホスセリノミコト＝火須勢理命）・彦火火出見尊（ホオリノミコト＝山幸彦《やまさちひこ》）です。

神話には、有名な**海幸彦・山幸彦**の物語がつづられています。兄の海幸彦は海、弟の山幸彦は山と、それぞれ異なった場所で仕事をしています。あるとき、山幸彦は兄に釣り針と弓矢を交換してもらい、漁に出ます。ところが、釣り針をなくしてしまい、海幸彦から返せと迫られます。困った山幸彦は海の神宮を訪れ、その娘と結婚しました。おかげで鯛《たい》ののどから釣り針を見つけ出し、海幸彦に返すことができました。それだけではありません。海幸彦を服従させるのです。

山幸彦は山の人です。海幸彦は海の人です。つまり、この物語は海の向こうからやってきた人が山の人に従って同化していくということを示しています。そして、このパターンは日本が統一されていく物語とも重なるのです。

日本を統一する主人公は山幸彦の孫にあたる神武天皇（神倭伊波礼毘古命＝カムヤマトイワレビコノミコト）です。神話によると、神武天皇は最初、九州にいました。祖先である瓊瓊杵尊が天孫降臨で降りてこられたのが日向の高千穂峰《たかちほのみね》ですから、神武天皇が九州にいたと考えるのは当然です。遠くから出てくるという点では、海の向こうからやって来た海の人のようにも見えますが、神武天皇は日向という山の国で力を蓄えてきた山の人なのです。

山幸彦が海幸彦を従える話を思い出してください。海からやって来た人々を山の人々が従え、海から来た人々も山の人々に同化していき、日本人が形成されていくという物語です。このことは神武天皇の母親の玉依姫《たまよりひめ》が海神の娘であることにも重なってきます。

九州は朝鮮や中国に近く、大陸と関係が深いところです。海から来た人も多くいます。高千穂峰に降臨した神の子孫である神武天皇が大陸の様子を知って、日本を強い国にしなければと考えるのもうなずけます。

神武天皇は海をよく知った人々を従えながら、瀬戸内海を経て紀伊国に上陸、大和地方に支配圏を広げます。これは山の人が中央に進出したと解釈できます。日向というのは日に向かうと書きます。神武天皇の東征は日の昇る方向に向かっていくという意味もあったのです。それは日高見国あるいは高天原があった関東・東北に向かっていくということでもありました。

『日本書紀』はこのように記します。

神武天皇は塩土老翁《しおつちのおじ》から、「東によい土地がある。青い山が四方をめぐっている。その地に磐のような堅固な船に乗り、高天原からくだったものがいる」と知らされます。そこで神武天皇は兄と皇子たちにいわれました。

「その土地は広く統治を行い、天下にのぼるものにふさわしいであろう。天地の中心の地である。そこに高天原からくだったのは饒速日命（ニギハヤヒノミコト）であろう。行って都とすべきではないか」

こうして神武天皇は動き出します。瀬戸内海の海の道を通って、大和に向かうのです。

これを**神武天皇の東征**といいます。

神武天皇は九州を出発して十七年かけて大阪の難波に着きます。そこで長髄彦（ナガスネヒコ）の抵抗にあって兄の五瀬命（イッセノミコト）が傷を負い、それが原因で死んでしまいます。

そこで神武天皇はこのようにいわれました。

「我は太陽の神、天照大神（アマテラスオオミカミ）の血を受けたものである。いま太陽に向かって賊を討つのは、天の道に背くものである。帰り、退こう。天神地祇を祀ろう。太陽を背とし、日の光が射とおすとおりに襲い討つのがよいであろう。かくて刃を血ぬらすことなく、賊は破れるであろう」

東の加勢がないと大和を陥れることはできないということに気づくのです。そこで、神武天皇の軍勢は迂回して海から熊野に上陸し、天照大神が差し向けた八咫烏《やたがらす》（大きな烏）に先導されて進み、海から熊野に上陸します。

このとき天照大神は高木神（タカギノカミ）と相談して、建御雷神（タケミカヅチノカミ）を遣わして神武天皇を助けようとします。しかし建御雷神は「自分が行かなくとも国を平定した剣を降ろせばいいだろう」と熊野の豪族・高倉下（タカクラジ）の倉に剣を落とし入れます。それを夢で見た高倉下はその剣を倉で発見し、神武天皇に献上しています。

神武天皇はその剣を手に太陽を背にして長髄彦の勢力と戦い、勝利を収めるのです。

神話ではこのように語られる勝利の戦いも、実際はもっと困難なものだったでしょう。長髄彦の勢力は頑強だったようで、堅固な城塁の跡が現在も残っています。

しかし、天照大神から伝わる正統性とその庇護が神武天皇の力となり、勝利したのでした。

最終的には、先に述べたように饒速日命が出てきて、自分が天孫降臨してこの地を統治していたことを話し、新たに高天原系の神がやって来たというので大和を神武天皇に譲るのです。この「譲る」というあり方は日本の伝統の特徴でもあります。

この神武東征を時系列で考えるならば、おそらく出雲系の大国主命が大きな勢力となったころから弥生の時代に入り、何度か国譲りを繰り返しながら最後に神武天皇が大和を陥れて大倭日高見国が成立し、大和時代がはじまったということになるでしょう。

ところがその後、日高見国の存在は忘れられてしまいます。これはなぜかというと、記紀ができた八世紀前半のころまでには関東にいた日高見国の人々のほとんどが大和に移住して、東国の記憶が薄れてしまっていたからだと考えられます。

◉隼人や熊襲は関東・東北から九州にやって来た人たちの子孫

第十二代景行《けいこう》天皇の皇子である日本武尊（ヤマトタケルノミコト）は、九州を討伐するとともに、関東・東北を押さえるための東征を行っています。これは日高見国の力がすでに弱体化していて、北から入ってきた蝦夷《えみし》のために関東・東北の統一を維持することが不可能になってきたということなのでしょう。実際、記紀の日本武尊の物語に出てくる東国は、非常に衰退した姿として描かれています。

日本武尊はまず九州に行って隼人《はやと》族を討ちます。隼はハヤブサですから、隼人とは「鳥の人」ということになります。隼人と呼ばれる人たちがどこから来て、どのような歴史をもつのかは明らかになっていませんが、関東から鹿児島にやって来た人たちの子孫ではないかと考えられます。それは鹿島神宮、香取神宮と並んで東国三社に数えられる息栖《いきす》神社と関わっていると考えられるからです。

息栖神社に祭られている天鳥船命（アメノトリフネノミコト）は建御雷神を助けて鹿島から鹿児島へやって来たとされます。その名前からわかるように、天鳥船命は船の神様であると同時に鳥の神様です。つまり、息栖神社は船の神社であるとともに鳥の神社でもあるのです。

奇妙なことですが、当時は船に乗るのは鳥と同じぐらい速いという意識があったようです。隼人は特別に速い船に乗って東からやって来たのかもしれません。その様子を見た地元の人々は、彼らを鳥の中でも速い隼に重ねて隼人と呼んだのかもしれません。

九州南部には熊襲《くまそ》もいました。この熊襲も関東から来た人たちだと考えられます。それは熊野神社が関東・東北に多いことからも推測できます。熊野神社というと紀伊半島の熊野神社を思い浮かべる人が多いかもしれませんが、実は関東・東北に多数点在しているのです。先にも述べたように、鹿と同様、熊も縄文系の人たちが狩猟をするときの重要な動物です。

そういう関東・東北の縄文系の人たちが九州にやって来て、隼人とか熊襲と呼ばれるようになったのでしょう。熊本のように熊の名がついているところも、関東から来た人たちが居ついた場所です。そういう人たちが何代か経つうちに異質の人になり、討伐の対象となってくるのです。

大和時代（古墳時代）の日本は、関東と関西が結びついた形で初めて理解できます。

昭和四十三（一九六八）年、埼玉県行田市《ぎょうだ》の稲荷山《いなりやま》古墳から五世紀中頃につくられたとされる長剣が出土しました。その刀の両面には漢字百十五文字の銘文が彫られていました。その銘文には、ワカタケル大王（第二十一代雄略《ゆうりゃく》天皇）に仕えた有力者の功績が彫られていました。この有力者の一族は代々天皇の刀をつくっていたとも書かれていました。また、熊本県玉名郡の江田船山《えだふなやま》古墳から出土した鉄刀にも同じワカタケル大王の名前が彫られていました。

これは五世紀後半にすでに天皇の存在が関東から九州までの広い範囲で認知されていたことを示す非常に重要な発見でした。同時にその剣が埼玉の古墳から出てきたというのは、そこに天皇の刀をつくる一族がいたということであり、関東に日高見国が存在したことを証拠立てています。

こうした流れの中で初めて日本の神話と考古学的な発見のつながりが明らかになってくるように思います。人類学者のレヴィ＝ストロースは『月の裏側』という本の中で、世界の神話はだいたい歴史と連続性がないが、唯一日本の神話だけは歴史と結びついているといっています。そのような見方で記紀を注意深く読んでいくと、確かに日高見国という存在があったことが見えてくるのです。

◉なぜ、『魏志倭人伝』の信憑性を疑わないのか？

大倭日高見国、つまり大和国は神武天皇を初代天皇として現在の橿原《かしはら》神宮のある場所に都を置きました。ここから記紀に書かれる有史の時代、国家を基礎として考える歴史がはじまりました。それ以後、聖徳太子の登場や大化の改新などによって七世紀に律令国家が形成され、奈良時代になって奈良文化が開花していきます。しかし、そこに至るまでの過程がなかなか説明できませんでした。なぜかというと『魏志倭人伝《ぎしわじんでん》』に出てくる邪馬台国《やまたいこく》と卑弥呼《ひみこ》の存在がどのような意味をもつのかがわからなかったからです。

『古事記』も『日本書紀』も、神武天皇の東征があった三世紀初めからずっとあとにできたものです。同時期の文献があれば、もっと確かなことがわかると考えられがちです。そこで持ち出されるのが『魏志倭人伝』です。

中国では、三世紀初めに漢が滅んでから国々が分裂し、勢力が弱まっていました。そのせいでしょうか、中国の歴史書では「倭」と呼ばれていた当時の日本のことが、三世紀後半から五世紀初めにかけて、文字記録からまったく姿を消しています。その中で唯一、日本のことを記しているのが『魏志倭人伝』です。

そのために、これこそ三世紀初めごろの日本を知るただ一つの手がかりというわけで、学者はこぞってこれを取り上げ、盛んに議論しています。しかし、議論は盛んでも、堂々巡りで、いまだにはっきりした結論が出ていません。『魏志倭人伝』を重視してしまうと記紀の記述が正しくないように見えてしまうわけです。しかし、逆に見ると、記紀が邪馬台国や卑弥呼を無視しているのは、それが無視されるべきことだからだと考えることもできます。私は『魏志倭人伝』は歴史書ではなく、魏の陳寿《ちんじゅ》という人が海南島あたりの一つの国を予想して書いた想像の物語だったと考えています。

『魏志倭人伝』には、倭はいくつもの国に分かれて争っていたが、邪馬台国が卑弥呼という女性を立てて、この邪馬台国が中心になってまとまったということが書かれています。その邪馬台国はどこにあったのか。『魏志倭人伝』には倭に行くまでの行程がくわしく書かれていますその行程を忠実にたどってみると、日本から大きくはずれ、とんでもない海洋上に出てしまいます。そこで研究者たちは、神武天皇が即位された年や年齢をあれこれといじり回したように、行程の数字のつじつま合わせをやったりしています。そして、目新しい遺跡や遺物が発見されると、これは邪馬台国に関連するものだ、だから邪馬台国は九州にあった、いや、畿内だ、と論争しているわけです。

どうして『魏志倭人伝』の信憑性《しんぴょう》を疑ってみないのでしょうか。不思議です。

中国には遠い昔から中華思想というものがあります。中国は文化的に最もすぐれている世界の中心で、周りの国々は全部野蛮国だという思想です。まったく独りよがりの、広い世界を知らない未熟者の思想だと思います。でも、この思想は歴史の中でずっと続いていて、いまの中国にもそれが受け継がれているようです。

『魏志倭人伝』は国の名に「邪」、女性の名に「卑」と、わざわざ悪い意味の漢字を当てています。これは蔑称で、中華思想の現れです。日本のことをどのようにイメージしていたかはわかりませんが、実際のことは何も知らずに、こんな野蛮な国があるということを述べただけなのだと思います。

ところが、この卑弥呼を天照大神と結びつけ、大和の纏向《まきむく》にある箸墓《はしはか》古墳は卑弥呼の墓だという説が唱えられたりしています。卑弥呼は《鬼道につかえ、よく衆を惑わす》と書かれています。こういう女性が天照大神とどう関係するのでしょうか。「千人の侍女がいて、一人の男子が飲食の世話や取り次ぎをしていた」という形態は天皇家の伝統とはまったく違いますし、シャーマニズムのような信仰形態も異なっています。

『魏志倭人伝』に日本の神話と関連するものは何もありません。また邪馬台国や卑弥呼の存在を示す遺跡や遺物はまったく発見されていません。卑弥呼神社は日本に一つもありません。『魏志倭人伝』に名前が載るほどの女王であれば、どこかに神社が残っているはずなのに、『延喜式《えんぎしき》』の神社総覧にも卑弥呼神社は載っていません。インターネットで検索すると鹿児島にある卑弥呼神社がヒットしますが、これは昭和五十七（一九八二）年に創建されたまったく新しい神社で、邪馬台国ブームに乗って郷土史家がつくったものです。これは邪馬台国が一つのフィクションであるという証拠となるのではないでしょうか。

古代の日本人もこの『魏志倭人伝』を知っていました。『日本書紀』がこの書にちょっと触れています。でも、ほとんど問題にしていません。この書がどういうものか、ちゃんとわかっていたのです。

日本の歴史を考えるのに、邪馬台国や卑弥呼は必要なのでしょうか。卑弥呼の実在については、否定すべきだと私は考えています。日本が天皇の国であることを否定するための戦後的現象です。

◉神武天皇の実在を示す、日本独特の巨大な前方後円墳

日本では三世紀中ごろ以降、数多くの古墳がつくられました。現在の鹿児島県から岩手県まで、日本中に実に十万以上も築かれたのです。

弥生時代の終わりころに日高見国は衰退します。先に述べたように、これには気候変動も関わっているでしょう。東のほうが寒くなったことにより、人々が西に移っていったのです。むろんまだ東にはたくさんの人々が残っていました。古墳が関東に多いのは、日高見国の記憶を持っている人がたくさんいたということです。

関西に行った天皇の祖先はみな、関東から移った人たちです。初代神武天皇のあと、第十代崇神《すじん》天皇が即位するまでに欠史八代といわれる時代があります。この時代の天皇は、名前はわかっているものの、その事績は記紀にも書かれていません。

この欠史八代の天皇は東国との関係が非常に強い人たちなのではないかと考えられます。おそらく崇神天皇が即位するまでの間は関東系の人たちが天皇を助けていたのではないでしょうか。つまり欠史八代の天皇は日高見国に依拠していたため、記紀を書くころには詳

細がわからなくなっていたのでしょう。

そのような記憶をもとにして、古墳時代には数多くの古墳がつくられました。特に大和（奈良県）や河内（大阪府）にはひときわ巨大な古墳が築かれました。古墳の形には円墳、方墳、上円下方墳などいろいろありますが、目につくのは、なんといっても前方後円墳です。

前方後円墳の円は「天」、方は「大地・土」を表します。これは最初に『古事記』がいっているように、神々の前に「あめつち」があったということを表しているのでしょう。『古事記』のいう天と地を前方後円墳の中に描いているのではないかと考えられます。

前方後円墳は円の部分がまるで山のように盛り上がり、方形（四角）の部分はそこに至る里のようにつくられています。高く盛り上がり天に向かっている山のような円の部分は、「高天原」を思わせます。方形の部分は大地を表し、「葦原《あしはら》の中国《なかつくに》」と呼ばれているこの世を思わせます。棺があるのは円の部分ですから、本来は前円後方墳と呼ぶべきでしょう。

ところが不思議なことに、前方後円墳に発展していくような古墳の原型が奈良には見つかっていないのです。突然のように前方後円墳が出てきています。一方、関東にある古墳の中には前方後方墳という形が見つかっています。これは前方後円墳の円が四角い形になっている墳墓で、前方後円墳ができる一つ前段階の形だと考えられます。

これは何を意味するでしょうか。おそらく奈良に前方後円墳が突然築かれたのは、関東にあった日高見国の記憶を呼び覚ました人たちが、その古墳づくりの方法を使って築いたものなのではないでしょうか。

『古事記』にも『日本書紀』にも東国の記述は詳しく書かれていません。いわば無視されていたため、なぜ奈良に前方後円墳が現れたのかがまったくわからなかったのです。その理由付けのために、邪馬台国の存在や中国の影響などといったことが推測されたわけですが、それ以前に関東に前方後方墳があったことを考えると理由は明らかになるのです。

また、このことは日本が文化的に統一されていたことを意味します。神武天皇の大和統一によってそれぞれの地方に住んでいた氏族が結ばれ、日本の巨大古墳文明の時代がはじまったのです。

人々は祖先の墳墓をつくり、天皇家につながる氏族を中心にまとまって地域の豪族が連合し、大和朝廷と呼ばれる政府をつくっていったのです。その中心におられたのが、神武天皇の大和征服後にこの地に居を定められた歴代の天皇です。いくつもの巨大な前方後円墳はその証です。

そしてこのことが神武天皇の実在を示す証拠でもあるのです。現在、神武天皇の御陵は奈良県橿原市大久保町のミサンザイという場所にあります。そこは平地ですが、もともとは現橿原神宮の敷地の中、畝傍《うねび》山の中腹にあったとされています。小規模なものですが、おそらく前方後円墳であったと見ることができます。

このように立派な墳墓をつくるのは死者の御霊《みたま》を大切に思う気持ちがあるからで、人は死ぬと神になると思われていたのでしょう。これは**御霊信仰**といって、**神道**の基本になるものです。

天皇の御霊を称える巨大墳墓は三世紀から七世紀ごろまでつくられましたが、その中でも特に前方後円墳は、中国には存在せず、朝鮮にあるものは日本から渡っていたものであることから、日本独特の形であるといえます。これは、氏族という共同体の長に対する御霊信仰が日本中に行きわたり、神道の原型ともいうべき統一された日本人の精神があったことを示しています。それをもたらしたのが神武天皇の東征だったのです。

いまでは多くの古墳が樹木におおわれ、こんもりとした細長い山のように見えます。しかし、築かれた当時は表面に石が敷きつめられ、周りや頂上には死者にまつわる人物、家屋、馬などをかたどった**埴輪**《はにわ》や円筒形埴輪が並べられていました。埴輪は素朴ですが、具体的な形でこの時代のさまざまな様相をいまに伝えてくれます。円の部分には棺を納める石室があり、そこには鏡、玉、剣、それに馬具や農具も納められています。

古墳からは、**三角縁神獣鏡**《さんかくぶちしんじゅうきょう》と呼ばれる、文様の同じ鏡がたくさん出ています。この三角縁神獣鏡は中国から贈られたものだと思われていました。ところが、不思議なことに三角縁神獣鏡は中国では一枚も発見されていないのです。そこで、これは日本でつくられた鏡だということになりました。この鏡は名称どおり、縁が三角形になっています。この三角は山を表すと考えられています。そこには山をあがめる思想があり、これも神道の基本です。

このように巨大古墳は、その形も納められた文物も、すべて統一された日本の精神性の結晶なのです。

◉ピラミッドより大きい仁徳天皇陵は、どのようにつくられたのか?

日本最大の墳墓は第十六代天皇の仁徳天皇陵（大仙古墳）です。この前方後円墳の墳丘の長さは五二五メートルもあり、エジプト最大のクフ王のピラミッドや秦の始皇帝の墳墓より大きいのです。

日本最大どころではありません。世界最大です。濠《ほり》は三重にめぐらされていました。

この古墳を築くには一日二千人が働いて、十六年かかるといわれています。多くの人々が協力していたということから、それだけの人をまとめる力があったことがわかります。さらに、まだ文字の使われていない時代に、これだけの墳墓を計画的につくる技術力があったことにも驚かされます。祖先信仰を伝えるばかりでなく、技術も口承でしっかり伝えられていたのです。

なぜこれほど巨大な古墳をつくる必要があったのでしょうか。これは日高見国が大和国に移ったことを契機として、大陸に対抗しうる国を築こうとする営みがはじまったからと考えられます。仁徳天皇陵もその流れの一つで、日本が立派な国であり、日本の国王である天皇が立派な方であることを示すための世界に向けての重要な宣伝なのです。

仁徳天皇陵はいまでこそ内陸に位置していますが、もとは難波に着いた船から見える高台につくられました。そこに日本国の繁栄を示し、強大国であることを見せつけるためにあのような巨大な墳墓がつくられたと思われるのです。

同時に、墳墓の大きさは仁徳天皇が生前に大きな功績を残し、民に慕われていたことの

仁徳天皇陵（大仙古墳）（大阪府堺市）

表れでもあるでしょう。

仁徳天皇については『古事記』に記述があります。この時代、天皇という称号はまだありませんでした。「すめらみこと」とか「おおきみ」とか呼ばれていました。

その「すめらみこと」である仁徳天皇は、こういわれました。

「私が高台にのぼって遠くを望み見ると、国の中に立ちのぼる煙が見えない。百姓が非常に貧しくて、家で飯を炊く者がいないのではないか」

そして、こう命じられました。

「いまより以後、三年の間、すべての課役をやめ、百姓の苦しみを除け」

この日より天皇は御衣とお履物が破れてだ

めになってしまうまで新調せず、ご飯やお吸い物が酸味を生じて食べられなくなるまで取り替えることはなかったといいます。

その後三年を経て、仁徳天皇はふたたび高台にお立ちになりました。はるかに遠くを望むと、あちらにもこちらにも飯を炊く煙が立ちのぼり、百姓が豊かになった様子がよくわかりました。天皇を褒め称える声が満ちています。

それでも、仁徳天皇は中止していた宮殿の建設にすぐには取りかかりませんでした。それからさらに十年を経て、ようやく宮殿建設を再開されたのです。このとき百姓はこぞって進んで働き、期日よりも早く完成させたそうです。

「そもそも天が君（天皇）を立てるのは、まったく百姓のためです」

と仁徳天皇はおっしゃっています。天皇という地位は人々に奉仕するものだという原則がこの時代にすでにできていたことがわかります。「権力は人民を搾取するものだ」などという考えは、近代になってつくられたものなのです。

実は、日本最大の前方後円墳が仁徳天皇の御陵であることを疑う考古学者が多いのですが、その大きさと、仁徳天皇が人々から非常に慕われていたことがよくわかる『古事記』の記述を見れば、巨大な前方後円墳を仁徳天皇に結びつけることは、大いにうなずけることだろうと思います。

◉漢字そして仏教をもたらした、朝鮮半島への出兵

日高見国・高天原系の人々が九州に天孫降臨したあと、神武天皇の東征により九州から西半分を統一して奈良を中心につくられたのが大和国です。ここに日本の国家をつくる最初の動きがありました。しかし、当時はまだ外からの圧力は強く感じられない時代でした。人々は農耕、狩猟、漁労といったこれまでの生活形態を続けていました。

それ以後の数百年は非常に安定した時代が続き、このころ確立された神道の祖先信仰、御霊信仰、**皇祖霊信仰**《こうそれいしんこう》に従って数多くの古墳がつくられました。

国がまとまってくると、他の国との関わりあい、外交も盛んになってきます。

日本人はもともと、鉄資源などを求めて朝鮮半島南部と交流してきましたが、このころになると朝鮮半島北部で高句麗《こうくり》という国が強くなってきました。それとともに南部では百済《くだら》や新羅《しらぎ》が台頭してきます。四世紀初めに高句麗は中国領土の一部を攻め、南部の百済や新羅も支配しようとします。

このとき、百済が大和朝廷に救援を求めてきました。四世紀後半、大和朝廷は海を渡って朝鮮に出兵しました。そして、半島南部の任那《みまな》（加羅《から》ともいいます）に拠点を設けたと思われます。高句麗の王であった広開土王《こうかいどおう》が四一四年に建てた石碑、広開土王碑というのが残っていますが、その碑文には大和朝廷の軍勢が百済を助け、高句麗と激しく戦ったことが記されています。

百済との交流が盛んになるにつれ、人の往来も活発になってきました。朝鮮半島の人たちを通じて、中国の文化が日本に入ってくるようになります。鉄の農具や兵器がつくられ、漢字も使われるようになります。儒教も伝来してきます。

日本にとって大きな転機となったのは、第二十九代欽明《きんめい》天皇の時代です。このころ、大陸から日本にやってくる人たちが急増しました。当時の中国は五胡十六国《ごこじゅうろっこく》時代（三〇四～四三九）を経て南北朝時代（四三九～五八九）に入っていました。小国が乱立して情勢が非常に不安定であったため、戦乱から逃れる目的で日本に渡来する人が多かったのです。これが日本に新しい国家としての体制をつくる必要性を与えました。

欽明天皇十三壬申（五五二）年（欽明天皇戊午年・五三八年という説もある）、百済の聖明王《せいめいおう》は仏像と経典を日本の天皇に献上しました。**仏教の伝来**です。この仏教の伝来は日本人の精神性に深い思索を与えることになります。ことに仏像は「ほと（仏陀の）・け（形）」と呼ばれ、尊ばれるようになります。

一方で、仏像をめぐって対立も生じました。

朝鮮半島から来てこれらの文化や技術を伝えた人々は**帰化人（渡来人）**と呼ばれ、大切にされました。朝廷も彼らを主に近畿地方に住まわせ、政権にも加えていきました。

［コラム］埴輪を見れば古墳時代の社会が見えてくる

古墳時代の文化は非常に造形性に富んでいます。巨大な前方後円墳の存在と、埴輪《はにわ》の存在が形における一大文化を形成しています。

埴輪は後に大陸から仏像が入ってくると、素朴で幼稚な表現であり造形性や芸術性の点で仏像に劣るとして評価されませんでした。しかし、埴輪の文化は縄文時代の土偶・土器の文化に続く優れた人間文化であると私は考えています。土偶が奇形を表現したり、土器が水を表現したりというように、埴輪も神道に根差した信仰の像だと考えられます。『日本書紀』にも書かれていますが、埴輪は本来、殉死者が出ないようにその代わりとして死者とともに埋葬したものです。その表現は非常に多岐にわたっていて、人型の埴輪だけでなく、家や船、動物の形の埴輪もありますし、奇妙な造形性を持ったものや二メートルもある巨大なものもあります。人にしても、兵士や巫女《みこ》や楽器を持った人がいたり、漁師がいたり軍人がいたりと非常に多様です。

そこに私は見慣れぬ姿の人物像を発見したのです。耳に長い美豆良《みずら》（鬢《びん》）をつけ、以後の歴史に見ない服装をした人物埴輪です。それを考古学者たちは、武人埴輪と呼んでいま

「人が乗る馬形埴輪」伊勢崎市雷電神社跡古墳出土　大林寺蔵／写真：群馬県立歴史博物館

す。刀をつけた人々が多かったからでしょう。私が特に注目したものは、堂々とした馬に乗った、刀をつけていない美豆良をつけた埴輪です。鼻も高いようです。

ああ、馬がいなかった日本に、美豆良をつけた人々が連れて来ていたのだなあ、という姿です。朝鮮からでも、中国からでもない、あのユーラシア大陸を騎馬民族に属する人々が、日本にやって来ていた、という印象深いものです。

戦後、一時、流行った、騎馬民族の日本征服の姿ではないようです。この盛装の人物は、居丈高な征服者の顔もしておらず、馬の大きさに比べて小柄で、女性か子供らしいのです。考古学者がこうした美豆良をつけた人物を直ちに、ユダ人たちだ、と気がつかなかったのも、無理からぬことです。私も、千葉の芝山遺跡から出土した大量の美豆良をつけた人物埴輪を見るまではユダヤ人だとは確信が持てませんでした。

そこから発掘された武人埴輪は、ほとんどすべて、帽子までユダヤ教徒の服装をしてい

現代のユダヤ教徒と芝山遺跡出土の埴輪（芝山仁王尊・観音教寺蔵）の比較。

ました。これをイスラエルのテルアビブ大学の日本学会で発表した時、その美豆良と服装は、現在でも多くいるユダヤ教徒と似ていることに、聴衆の皆さんに驚かれました。そして、そんな昔に現代のユダヤ教徒のような姿をしているのか、という質問がありました。これは私の研究に対するインターネットでの質問と同じなので、答えておきましょう。

　こうした美豆良や帽子は、十八世紀位から始まったもので、四、五世紀のものではない、と、もっともらしい意見も出ていますが、そういう人は聖書の記述も知らない人です。旧約聖書の「レビ記」に、ユダヤ人は美豆良をつけるべし、と書かれているのです。「レビ記」19：27「汝等《なんじら》頭の鬢《びん》を圓《まる》く剪《きる》べからず汝鬚《ひげ》の両方を損ずべからず」と書いてあります。「エレミヤ記」9：25～26にも同じようなことが書かれています。彼らが守るべきは、割礼だけではないのです。

こうしてユダヤ人埴輪が作られて、死んだ首長の遺骸を取り囲んでいるのです。このことは渡来して来たユダヤ人たちが首長の死を悼んで喪に服している姿といって良いでしょう。その時の彼らの正装であったと考えられます。

このことは、彼らが日本の共同体にすっかり同化した、ということだと思います。そして殉死しようとする人々の代わりに埴輪を作るべきだ、と述べた土師《はじ》氏が、きっとユダヤ人であったのでしょう。

埴輪の多様性は共同体の全体性を表現しているようです。家の形をした埴輪や導水形をした埴輪（猿塚古墳）があるということは、共同社会が非常に強く意識されていることを示しています。その中で人々が役割分担をしていくというのが日本社会の基本的な人間のあり方です。そのため、階級で人間を規定するのではなく、さまざまな姿の人間の埴輪がつくられているわけです。美的であることを求めるより、社会の形態や人間のあり方を示そうとしているのです。

一つひとつの埴輪の姿を見ていくと、亡くなった首長の社会的業績もわかります。特に

今城塚古墳の埴輪祭祀場（大阪府高槻市）

天皇家に関係する人だけがつくることができた前方後円墳に埋葬されていた埴輪を見ると、天皇がどのような統《す》べ方をしていたかが予想できるようです。社会の機能、人々の役割、運営の方法などが埴輪を通して表現されているからです。

だから、埴輪には写実的・シンボル的な記録としての形態が表されていると考えられます。役割としてつくられているのです。軍人の埴輪は鎧《よろい》をつけて兜《かぶと》をつけています。しかし顔には特徴がありません。それを見ると、すでにこの時代に役割として軍隊があったことがうかがえます。埴輪だから史料にならないということではなく、その形が文章に代わって表現するものが貴重な記録になっているのです。埴輪を形態的史料として見ると、その社会が明らかに統一国家であり、そこに天皇を中心とした社会があったということがはっきりわかります。

つまり、その社会とは役割社会であったと私は考えるのです。というのは、支配者とそれに従う人間という関係性を示す埴輪がないからです。もちろん天皇はおられましたが、それ以外の人たちの姿はそれぞれの役割としてつくられていて、階級として偉い人が大きくつくられたとしても、それは一つの役割なのです。豊かな人、力の強い人の人物像も威嚇的ではありません。そうした人たちが上に立って下の者を従えるといった社会構造は埴輪の表現の中には見られません。すべての人が平等につくられているわけです。日本には位階はありますが、それは役割分担の社会を表すものと考えることができるのです。

埴輪を一つの史料として見ると、その中に造形的に優れたものもあります。しかし、それは工人の技術としての上手下手によるもので、埴輪そのものはだいたい同じ基準でつくられています。それは、当時の社会にある種の統一性があったことを示しているといえるでしょう。階級社会ではなく、役割分担社会です。このあたりからも、古墳時代にすでに立派な大和国が成立しており、天皇が大君として統治を行っていたという社会の慣習が見えてくるのです。

第四章

飛鳥時代――日本人の神髄「和」の思想の確立

◉仏教をめぐる対立は新たな思考方法をめぐる争いでもあった

巨大古墳文化は天皇を中心とした皇祖霊信仰の表れです。一般の墳墓も死んだ祖先への御霊《みたま》信仰にもとづいています。氏族という共同体の宗教として、神道という日本の宗教がつくられていました。これは縄文時代から古墳文化時代までを通じてずっと形成されてきたのです。

大陸から漢字と仏教が伝えられたことにより、日本人は初めて文字と思想に触れました。それまでは生活の中に文字を必要としない思想というものがありました。それは自然道と呼べるものです。日本人の生活は自然に依拠しており、自然といかに対応し、自然をいかに利用して人間に役立たせるかを考えればよかったのです。そうした言葉を必要としない感性的、経験的なものだけで日本人は十分に生活ができました。それは四方を海に囲まれた島国の中の生活だから可能だったわけです。

そこに朝鮮を経由して、インド由来の宗教である仏教が入ってきました。外部の人間が日本に知識を持ち込んできたのです。日本はその対応に迫られ、結果として律令社会をつくっていくのですが、仏教の伝来によってその準備がはじまったといっていいでしょう。

『日本書紀』にこんな話が出ています。

欽明《きんめい》天皇は仏像がキラキラ輝いているのに驚いて、「これを敬っていいのだろうか」と臣下に聞いています。神道の信仰の対象は御霊や自然です。仏像のような具体的な人間の像はありません。仏教に接したときの驚きが伝わってくる話です。

仏像は「ほと（仏陀の）・け（形）」であり、仏像によって仏教がまさに仏教として捉えられることになったのです。それまで日本には抽象的な存在を文字として考える習慣がありませんでした。事実や事物や自然現象といったものは抽象語で掴《つか》む必要がなかったからです。それは文化的に遅れていたのではなく、むしろ生活そのものが高度かつ非常に安定したものであったということです。

死者を神と見る自然信仰や御霊信仰に従って、最初は仏像を仏の神と見て受け入れようとしますが、それを自然信仰や御霊信仰の神と同列に置くことには違和感が生じました。そのとき初めて、仏像の中に人間個人の姿を見るという見方が生まれたのです。これまで人間は共同体の中の一員としか考えられませんでした。ところが、釈迦の生き方を学ぶところからはじまった仏教は、共同体と対等の立場で個人の思想を考える契機をもたらしたのです。そこに個人の意識が生まれたといってもいいでしょう。

それだけにいろいろな意見があって、仏教を受け入れるかどうかで臣下が二つに割れました。仏教を受け入れるのが蘇我氏で、拒否するのが物部《もののべ》氏です。この二派の争いは、外来派と地元派の戦いというだけでなく、人間のあり方としての新たな思考方法をめぐる争いでもあったわけです。その結果、蘇我氏が勝って政治の主導権を握りました。女帝である**推古《すいこ》天皇**が即位し、甥の**聖徳太子**（五七四？〜六二二）が摂政となり、天皇を中心に蘇我氏と協力して仏教を受け入れる政治を行いました。

◉「法隆寺は聖徳太子が建てた」は、間違いのない事実

聖徳太子は天皇の御子です。天皇家は神道の祭祀を行う家系ですから、当然、神道という共同宗教を中心にもっています。そんな聖徳太子が朝鮮から仏教の先生を招いて深く研究され、個人の生き方を教える仏教を受け入れたのです。こうした経緯から、太子は中国の僧侶の生まれ変わりであるとか日本の釈迦であると評価されたこともあります。

仏教が入って何が変わったかというと、死の問題を個人の問題として捉えるようになり

ました。その一つの現象として、お墓が小さくなりました。これは人々が死者を共同体の神として崇めることから、個々人が「ほとけになる」と考えるようになったということでしょう。

日本では「神になる」ことは「死」とは考えません。「ほとけになる」ことが「死」だと考えます。仏教を入れたことによって初めて死の概念が明確化されたのです。同時に、人間の生き方がより個人性を帯びてくるようになりました。このことが文化を生み出す大きな基礎となるのです。

人々は仏教を通じて初めて「世界」というものを理解しはじめました。インドという誰も行ったことのない遠くの地にいた釈迦の教えが入ることによって初めて外国の思想文化に触れ、それが日本にあった文化をより明確化することになりました。そして国家というものが明確に意識されるようになっていきました。

日高見国という自然発生的な共同体連合のような祭祀国家が、天孫降臨と神武東征を経て大和国になるとより統一的になりました。そして飛鳥に都を置き、仏教を取り入れることによって、仏教国家というべき新しい国家が生まれるのです。同時に、律令という大陸の文字による思想が日本に根付きはじめました。

このような大陸との交流によって日本に新しい国家が建設されようとしていたところにおられたのが聖徳太子なのです。

この聖徳太子を、実在しなかったのではないかと疑う学者がいます。聖徳太子の存在は『日本書紀』にしっかりと書かれています。ですが、現在残されている遺物を調べると、その記述は疑わしいというのです。

法隆寺は聖徳太子が建てました。そうはっきり記されています。天智天皇九（六七〇）年に焼けたという記録もあります。しかしいま、私たちは法隆寺を目の前に見ることができます。すると、いまある法隆寺は白鳳時代に再建されたという説が出され、これが固まって定説になりました。教科書にもそう書かれています。いまある法隆寺が再建されたものなら、焼ける前にあったという法隆寺も、聖徳太子が建立したものかどうかわからない、『日本書紀』の記述は疑わしいということになって、聖徳太子という人物がいたかどうかもわからないとなっていったわけです。

しかし最近、精密な調査が行われました。年輪年代法というのがあります。樹木の年輪から年代を測定する方法で、現在ではもっとも正確な測定方法です。法隆寺五重塔の中心に立てられている柱、心柱《しんばしら》をこの年輪年代法で鑑定しました。すると、推古天皇二（五九四）年、飛鳥時代に伐採されたものであることがわかったのです。

では、一度法隆寺が焼けたという記録はどうなるのでしょう。これも間違いではありませんでした。焼けた土が出てきたのです。もっともこれは法隆寺とは別の、そばに建っていた若草伽藍《わかくさがらん》という建物だったのです。焼けたのはそれだったのです。いま私たちが見ることができる法隆寺は、再建されたものではなく、聖徳太子が建てた法隆寺であることは、もはやまぎれもありません。もちろん、聖徳太子の存在も疑いようがありません。

それに、法隆寺の建て方は明らかに飛鳥時代のもので、次の白鳳時代の建て方とは違っています。金堂の中の『釈迦三尊像』も『百済観音《くだらかんのん》』も飛鳥時代のものです。

しかし、法隆寺再建説に固まっている学者はなかなか信じようとしません。法隆寺は再建するときにわざと飛鳥様式にしたのだなどと、無理なことをいっています。

歴史は素直に見なくてはなりません。法隆寺は聖徳太子が生きていた時代の建物です。仏教を具体的に受け入れた中心人物が聖徳太子なのです。

◉神道と仏教の二つを受け入れたことにより成熟した日本人の精神

「世間虚仮《せけんこけ》　唯仏是真《ゆいぶつぜしん》」

聖徳太子はこういっています。言葉は難しいかもしれません。「この世は移ろいやすく、仏のいうことだけが本当なのだ」という意味です。この世での個々人の悩み、苦しみは、仏の言葉を信じればなくなるということです。

聖徳太子はみずから、『三経義疏《さんぎょうぎしょ》』という経典解釈の書を出しています。その中で一貫しているのは、この世に生きることで仏教を生かそうということです。仏教は決してお寺にこもって難しいことを考えるためのものではないということです。人間のことを「凡夫《ぼんぶ》」といいます。それは俗人であり、凡夫も悟れば仏となるのです。その悟ることの難しさ。

神道は家族や共同体を信仰の基本にするものです。みんなで一緒に信仰するものです。これが日本の国という共同体を愛する気持ちを育て、まとまっていく基本になりました。

仏教も初めは『金光明経《こんこうみょうきょう》』という国家を守護するお経が重視されました。しかし、それだけではありませんでした。聖徳太子は個人が信じることができる宗教として仏教を受け入れたのです。

一人ひとり、考えも悩みも違います。その違いを大事にして、一人ひとりが自分で悟りを開いていく、そういう宗教として仏教をとらえたのです。これは重要なことでした。「共同宗教」の神道。「個人宗教」の仏教。この二つを受け入れることで、日本人の精神は豊かに成熟していくのです。

仏教の寺院が建てられるようになると、巨大古墳が消えました。これはお寺がお墓のかわりもするようになったからです。五重塔は仏のお骨、仏舎利を祭るところですが、お寺が建てられることによって、人々の御霊もそこに込められることになったといえるでしょう。お寺にお墓が置かれるようになり、人は死んで神になるという考えは、「ほとけになる」という言葉にかわりました。中身は同じ御霊信仰です。人々は神道と仏教を同じ感覚で受け入れるようになったのです。

聖徳太子は十七条憲法の第一条で「和を以《もっ》て貴しとする」といい、第二条で「三宝《さんぼう》を敬え。三宝とは仏法僧なり」といいました。さらに第十条では「忿（こころのいかり）を絶ちて、瞋（おもてのいかり）を棄て、人の違うことを怒らざれ。人皆心あり。心おのおのの執れることあり。かれ是とすれば、われ非とす。われ是とすれば、かれ非とす。われ必ずしも聖にあらず」といっています。これはまさに仏教的な概念で、「人間は不完全な存在であり、誰でも悩むものである」ことを教えています。

同時にこれは和の根本原理であり、民主主義の根本といってもいいでしょう。人は不完全であるがゆえにお互いの意見に耳を傾け、学び合うことが大切であると聖徳太子は教えたのです。これは非常に重要なことです。

明治時代にお雇い外国人として来日して東大で哲学を講じたフェノロサは、『東亜美術史綱』という本の中で聖徳太子について「東アジアの偉大な創造的な諸聖賢に伍してすぐれた精神をもった非凡な人」と評価しています。諸聖賢とは、釈迦・孔子・孟子《もうし》らを指しますが、これは正鵠《せいこく》を射た評価というべきです。

聖徳太子は日本の思想と外来の思想を初めて融合しました。十七条憲法は神道について特に触れていませんが、聖徳太子は神道を捨てたわけではありません。神道は自明のものとして厳然としてあるのです。

私は「大和心の文化」といっていますが、この中には神と仏の両方が入っています。自然道が神道の基本だとすると、仏心は人間の文化の心です。聖徳太子が仏教とともに個人という意識を肯定的に入れたことによって、人間の精神の自由が初めて意識されるようになったのです。それは以後の日本人のあり方に非常に大きなプラスをもたらすことになりました。

◉法隆寺とは、日本人の精神性が結晶したものである

ここでふたたび、聖徳太子が建てられた法隆寺に話をもどします。

法隆寺はいまに残る世界最古の木造建築です。調和のとれた五重塔や金堂の形。その独特の配置。息をのむほどの建築美です。ギリシャのパルテノン神殿、イタリアのサン・ピエトロ教会堂に並ぶ、いや、それらに勝るとも劣らない、人類の貴重な財産です。日本人のみならず、世界的にももっと知られるべきものです。

ここに納められている仏像にも美しいものがたくさんあります。『釈迦三尊像』（止利《とり》仏師作）、『四天王像』（山口大口費《やまぐちのおおぐちあたい》作）、そして『百済観音像』、『半跏思惟像《はんかしい》』、『救世観音像』（止利仏師作）、挙げていけばきりがないほどです。いずれも彫刻の傑作です。工芸品も素晴らしいの一語に尽きます。『玉虫厨子《たまむしのずし》』や『天寿国繡帳《てんじゅこくしゅうちょう》』など、絵画表現の巧み

観音菩薩立像（救世観音）国宝
法隆寺／写真：飛鳥園

さは見事というしかありません。残念ながら戦後焼けてしまいましたが、金堂壁画のおごそかさ、そして五重塔の生き生きした塑《そ》像《ぞう》群など、息をのむばかりの作品は尽きません。

　私はこの時代の美術を、これはギリシャ美術に使われる言葉ですが、天平美術の「古典主義」の以前の「アルカイスム」の時代と呼んでいいと思っています（一八八頁参照）。

　法隆寺のすべては、聖徳太子の人格の高潔さの反映であるといえるでしょう。日本人の基礎となるものを培った高い精神性。その精神性によって掲げられた理想の表れである政治的業績。法隆寺はそれらを形に表した結晶であるといって過言ではありません。指導者の品性が高くないと、その社会の品性も、そして芸術の品性も高くなりません。

　人々が聖徳太子に多大の尊敬を寄せたのは、当然すぎるほど当然のことです。日本の釈迦といっていいでしょう。やがて太子信仰が生まれました。像がつくられ、絵が描かれ、お寺でも神社でも祭られるようになりました。それは後代まで及んでいます。

このような偉大な人物を歴史にもったことは、私たち日本人の誇りといわねばなりません。

第五章

白鳳時代——律令国家の誕生と国家意識の確立

◉白村江の戦いを契機に生まれた日本の対外的国家観

聖徳太子の死後、ふたたび強大な勢力となった**蘇我氏**《そが》が、**山背大兄王**《やましろのおおえのおう》など、太子の一族を攻め滅ぼしました。それに対して**中大兄皇子**《なかのおおえのおうじ》は**藤原鎌足**《かまたり》らと謀《はか》って、蘇我氏を倒しました。そして太子の理想を受け継ぎ、天皇を中心にした国づくりをはじめました。**大化の改新**を行ったのです。それまで皇族や豪族が支配していた土地や人民を、国家が直接統治する**公地公民の原則**をつくったのです。ある意味では社会主義政策を行ったといっていいかもしれません。

唐が朝鮮半島に進出し、新羅《しらぎ》と組んで百済を攻めました。その百済からの救援の依頼があり、日本は**白村江の戦い**《はくすきのえ》（天智天皇二年・六六三年）に大軍を送りましたが、唐、新羅の連合軍に敗れました。九州に**大宰府**《だざいふ》を設け、**防人**《さきもり》を置き、彼らの攻撃に備えました。

このとき百済から亡命してきた人々を受け入れることによって大陸の知識が日本に流れ込みました。同時に外国から侵略を受ける危険性を察知するようにならざるをえませんでした。それにより日本に他国と対抗する国家観というものが生まれることになりました。

「**天皇**」という言葉も天武天皇の時代に決められたといわれます。それまでは「おおきみ」「すめらみこと」「すめらぎ」と呼んでいましたが、「天皇」という漢語を使うことで中国の皇帝と同等であるという意識が日本の人々の中に醸成されることになりました。それが国というものに対する新たな思考力を与えることになったのです。

◉牧畜ではなく、農業を選択した天武天皇の恩恵

中大兄皇子は都を近江の大津宮に移し、**天智天皇**になられ、全国の戸籍作成などの改革を行いました。天皇が崩御されると皇位継承をめぐり「**壬申**《じんしん》**の乱**」が起こり、弟の**大海人**《おおあまの》**皇子**《おうじ》が即位され**天武天皇**となられました。この争いは決して皇室の権威を揺るがすものではなく、かえって強化することにつながりました。

天武天皇の時代は、その後の日本人の生活の指針となるものが定まったことでも忘れてはならない時代となりました。それだけ天武天皇は裁量のある指導者だったのです。

日本人の食生活では、魚を中心にタンパク質を摂る習慣が長く続きますが、これはこの時代からはじまるのです。『日本書紀』には「牛、馬、犬、さる、鶏の肉を食べてはなら

ない」と書かれています。これが食生活についての国家の方針だったのです。

このことは牧畜や狩猟を積極的に行うヨーロッパなどの人々とは異なる生き方を日本人に選ばせました。日本人は森を切り開き、広大な牧場をつくる牧畜民の道をとらないで、農業をもっぱらにする民族になっていったのです。これにともなって、山から草や木をむやみにとらないという道徳観念もつくられていきました。

これは現在の日本の幸せにつながっています。牧畜が発達した中国やヨーロッパでは、たくさんの牛や羊を養っていくために山や森の木を切り倒し、牧草地を広げていきました。その草が食べ尽くされ、思うように草が生えなくなると、さらに山や森の木を切り倒して牧草地を広げました。その結果は、いまはっきりと現れています。土地が裸になり、乾燥して荒れ、深刻な問題になってきているのです。

日本はどうでしょう。緑にあふれています。この豊かな風土は、天武天皇の時代に定められた方針のおかげなのです。祖先の知恵に感謝しなくてはなりません。

日本の天皇は絶対的な権力をふるう中国の皇帝とは違っていました。大和朝廷から続く豪族たちの力のバランスの上に立って政治を行っていました。豪族たちにそれぞれ立場を与え、力をふるわせることが、天皇の政治の力になったのです。

かつての中央豪族たちは、このころになると朝廷の役所で高い地位につき、**貴族**と呼ばれるようになっていました。このような貴族たちの総意によって政治は行われていきました。天皇は政治権力をもつというよりも、このような形で行われる政治の精神的権威になっていったのです。

この体制は今日まで続いていることがわかります。これが日本という国家の形なのです。

天武天皇は天照大神（アマテラスオオミカミ）を祭った**伊勢神宮**を再建されます。日本という国の成り立ちを強く意識されていたのでしょう。皇女が斎王《いつきのみこ》となり、伊勢神宮に奉仕されるようになりました。二十年ごとに新宮に神霊を移す伊勢神宮の「式年遷宮」は有名ですが、これがはじまったのもこの時代です。

伊勢神宮だけではありません。天武天皇は諸国の神社を修理させ、各地の祭りを行事として行わせるようにもされました。お正月を祝うのも、三月三日や五月五日の節句の行事も、このころにはじまりました。

このように見てくると、天武天皇の時代に出来上がった日本の体制がいまに受け継がれ、私たち日本人の生活習慣の隅々に生きていることを感じずにはいられません。

◉天皇の地位を不動にした、天武天皇という偉大な存在

天武天皇はたくさんの仏教寺院も建てられました。天武天皇時代に寺院の数はそれ以前の十倍以上に増えました。『扶桑略記《ふそうりゃくき》』によれば、推古天皇の三十二（六二四）年には四十六だった寺院の数は、天武天皇の後の持統天皇の六（六九二）年には五百四十五にまで増えています。ここからは神社に加えて寺院が国家の精神の拠り所となっていったことがわかります。

特に寺院は人間の精神性の向上に役立ちました。精神を高めることは人間にとって大事なことです。そこから文化が生まれるのです。つまり、当時は文化が中心の社会でした。経済性よりも文化を重視して人々は生きていました。多くの古墳をつくることも、多くの仏閣をつくることも、経済性では推し計れません。文化が人間の生きる中心にあったからこそできたことです。利益が上がらないものは余計なものと考える現代からは想像できない精神性の豊かな時代だったのです。

これが本来の人間の生き方であろうと私は思います。日本に限りません。ギリシャの時

代も、ルネッサンスの時代も、ゴシックの時代も同じです。豊かな建築物がつくられ、豊かな精神性が生まれています。その中で哲学も思想も科学も発達したのです。

いずれにしても天武天皇は神仏習合の指導者として、現在の日本の基礎をつくった方でした。

天皇の発願《ほつがん》によって建立された大官大寺《だいかんだいじ》は、規模が法隆寺の三倍もある大きな寺でした。九重塔も建っていました。それまで百済大寺という国営の寺があったのですが、大官大寺はそれをさらに大きくしたものでした。焼けてしまい、いまその姿を見ることができないのは残念なことです。

天武天皇が、のちに**持統天皇**になられる皇后のご病気が治るように祈られて、薬師寺を建てられたことはよく知られています。もともとは藤原京に創建されたのですが、いまは奈良の西の京に移されています。現在残っている東塔は白鳳《はくほう》建築の優雅な美しさを伝えています。この寺の薬師三尊は立派なブロンズ（青銅）でつくられています。先駆的な古典性をもった端正な像で、奈良の大仏の創造に影響を与えました。

この時代は洗練された文化が特徴で、他の時代と画して特に**白鳳時代**ともいわれるのはそのためです。

「おおきみは　神にしませば　天雲の　雷《いかづち》の上に　いほりせるかも」
（大君は神でいらっしゃるので、天雲の雷の上に仮宮をつくっておられる）

『万葉集』にある歌です。柿本人麻呂《かきのもとのひとまろ》がつくりました。

ここでいう「神」は、傑出した力をもった人物が「神」のように見えたという意味です。それと同時に、「神」が霊として天皇の身体に宿っているという信仰がこの時代に成り立っていたことがうかがえます。『万葉集』に「おおきみは神にしませば」と詠まれた歌が五首もあることが、そのことを示しています。

国民がみな、天皇には神話から発した「神」の霊が宿っていると信じたのです。これは神道の中の皇祖霊信仰と呼ぶことができる信仰になりました。「神」というと西洋人は一神教の神を思い浮かべます。あるいは現代人もそうでしょう。しかし、日本の「神」という言葉は多様性を帯びています。天皇を神と呼ぶとき、そこに崇拝の念は含まれますが、決して特別なものと見なしていたわけではないのです。

先に述べたように、この時代に天皇という言葉が定着したといわれています。これは道教の用語から来ています。「天皇」という称号が使われるようになったことをもって、天皇制が成立したとか確立したとかいう学者がいます。しかし、もともとは「おおきみ」とか「すめらみこと」「すめらぎ」という言葉で、長く天皇のことを呼んでいたのです。「天皇」という言葉が使われるようになったからといって、内容が変わったわけではないのです。だから、こと改めて「天皇制」などという必要はありません。

しかし、天武天皇という偉大な存在が天皇の地位を不動にしたということはできるでしょう。それほど日本を政治面でしっかり統率された方なのです。その存在の大きさは、のちに述べる聖武天皇とともに日本の歴史にしっかり刻みつけなければなりません。

この立派な天皇の記憶が、その後の天皇の精神的権威の源になったといっていいのです。

◉公地公民の理想を実現しようとして生まれた律令国家・日本

大宝《たいほう》元（七〇一）年、**大宝律令**が施行されました。大宝律令は税制や土地所有の問題を含めた法律、制度を定め、国づくりの根幹となりました。「律」は「してはいけない」という、いまの言葉でいえば刑法です。「令」は「しなくてはならない」という行政法です。

律は唐のものに似ていますが、令は日本の社会に合わせたものになっています。この律令にもとづいて政治を行う国家、律令国家が出来上がっていきました。

このときにつくられた役所の仕組みは、明治になるまで千二百年近く続くものになりました。「大臣」という職名も、このときから使われているのです。

日本が唐と大きく違っていたのは、国の政治全体をつかさどる太政官《だいじょうかん》と、神々の祭りをつかさどる神祇官《しんぎかん》の二つの役所がつくられたことです。天皇は政治のほかに神事を行う役割をもっていますが、これを神祇官が助け、一方、政治は太政官に大きな権限が与えられ、天皇にかわって政治を行う役目が与えられていたのです。

律令国家は大化の改新から五十余年にわたる経験を生かして、公地公民の理想を実現しようとするものでもありました。それが**班田収授法**《はんでんしゅうじゅのほう》です。全国の耕地はきちんと区分けされ、六年ごとに戸籍が改められます。六歳以上の男女には口分田《くぶんでん》が与えられました。その人が死ぬと、口分田は国に返すという決まりです。

人々は口分田の面積に応じて租を負担し、調・庸という税と兵役の義務を課せられます。それまでばらばらだった税を全国一律に決めたこの制度は、国民生活を大きく前進させるものでした。きわめて平等な社会になったといえるでしょう。

このころ、鉄製の農具が広まり、稲の収穫は増えました。中央の役人が国司として地方に送られ、そのもとで地方の豪族が郡司となって地方行政にたずさわる形もできました。中央と地方を結ぶ大きな道路が敷かれ、駅が設けられ、役人が乗り継ぐ馬が用意されたのです。

奈良時代の日本の人口は約六百万人、平城京の人口は約十万人、官僚が約一万人いて、そのうち貴族は二百人ほどと推定されています。

近代国家と似た制度がすでに出来上がっていたのです。

東北地方はかつては日高見国といわれましたが、統治が行き届かなくなり蝦夷《えみし》と呼ばれる人々の土地になり、九州南部には隼人《はやと》と呼ばれる人々が住むという状況になりました。大和朝廷は彼らを支配下には入れようとしたのです。律令国家が順調に進展すると、北も南も次第にその下で治められるようになりました。琉球諸島の信覚《しがき》（石垣島）や球美《くみ》（久米島）の人々も、八世紀初頭には平城京を訪れ、朝貢しています。九州北部には朝廷の出先機関として大宰府が置かれ、防衛と外交の任に当たっていました。

忘れてならないのは、現在の国旗と同じ日の丸がすでに生まれ、使われていたことです。国歌の「君が代」の歌詞もできていて、歌われていました。それがのちに、詠み人知らずとして『古今和歌集』に収録されるのです。

外交関係から戦争の危機となってはじまった国家の体制づくりが、立派な律令国家となってそびえ立ちました。東アジアで独自の律令をつくり、このような立派な国になったのは、日本のほかにはないといってよいでしょう。

第六章

奈良時代――日本の古典を成熟させた天平文化

◉天平文化は古代ギリシャ文化に匹敵する

日本文化が大きく花開いた奈良の時代とは、どんな時代だったのでしょう。

聖徳太子のいう「和」の精神は広まっていました。むろん人間のことですから、この時代にも怨恨《えんこん》はありました。争いもありました。しかし、歴史を否定的に見て、そのことを過剰に取り上げるような史観はもう終わりにしなければならないと思います。人間の間に争いはつきものでも、それを超える「和」の精神と文化創造があれば、そんなことは小さなことにすぎません。ギリシャ文化が花開いた古代ギリシャがそうでした。ルネッサンス文化が花開いたルネッサンス期のイタリアがそうでした。そして、飛鳥時代から奈良時代にかけての文化史は、ギリシャ文化史、ルネッサンス・イタリア文化史に匹敵するものなのです。この時代に触れるのは、日本の歴史を語る喜びでもあるのです。

これまでの日本の首都は、天皇が代わるごとに大和（いまの奈良県）を中心に動いてきました。首都は動くものだったのです。

日本の家屋は木造です。石造に比べたらはるかに建築が容易です。伊勢神宮や出雲大社など大きな神社には二十年に一度、あるいは六十年に一度というように、一定の周期で社殿を新しく建て替える風習がありますが、これができるのも木造だからです。役人もそれほど多くなく、役所の建物もそれほど多くなかったから、首都が動いてもそれほど差し支えなかったのでしょう。

しかし、律令制度が整って、国が大きくなりました。その大きさに見合った首都が必要になってきました。

和銅三（七一〇）年、奈良に**平城京**がつくられました。およそ四キロ四方の土地を南北に長いやや長方形に仕切り、広い道路で碁盤の目のように区画されました。その北の中央に置かれた区画に、天皇の住居や役人の邸宅が建てられました。飛鳥から寺院が移され、官営の市場も設けられました。

平城京は唐の都・長安に似せてつくられたといわれます。ですが、決定的に違っているところがありました。中国の都市は頑丈な城壁で囲まれています。長安は外からの敵を防ぐ外壁と、内部の人々を監視する内壁と、二重の城壁がめぐらされていましたが、平城京にはそんなものはありませんでした。外から侵入する敵を防ぐ必要も、内側の人々が騒ぎを起こす心配もなかったからです。内も外も本当に平和だったのです。「和」の精神があったからです。

平城京の市場はにぎわっていました。各地から産物が集まってきて、売買されていました。諸国で金、銀、銅などを産出、朝廷に献上されました。唐にならって貨幣も発行されました。もっとも、ただちに貨幣経済になったわけではありません。貨幣が全国で使われたというわけではなくて、地方ではまだまだ稲や布などの現物が交易に用いられていました。

国民皆兵の軍隊も組織されました。家族から一人兵士を出す決まりになっていました。国民が等しく国家防衛に当たるのです。

遣唐使も引き続き行われました。平均すると十数年に一回の割合で派遣されました。一回に百数十人、多いときで五百人ほどが船団を組んで東シナ海を渡りました。これによって大陸の仏教や政治、文化が積極的に採り入れられました。学ぶ気持ちの大きい日本人たちは、この機会に本を多く買い求め、日本にもたらしました。

しかし、日本から一方的に唐に出かけていったわけではありません。唐からも新羅からも使いが日本にやってきました。遣日使です。その回数は遣唐使よりも多いほどです。日本の文物も大陸や朝鮮半島にもたらされていったのです。中にはそのまま日本に帰化して、日本の社会に溶け込んでいく人も多くいました。

当時の航海は陸地が見える沿岸に沿って行くのが常でした。ですが、朝鮮の新羅との関係が悪化してくると、沿岸に沿っていく航路は危険です。東シナ海の南路を船が往き来するようになります。これは当時の航海技術では大変危険なことでした。四隻のうち一隻が到着すれば成功という危険な旅でもあったのです。

中には阿倍仲麻呂《あべのなかまろ》のような人もいました。阿倍仲麻呂は優秀な人で、遣唐使に加わって大陸に渡ると、その能力が評価されて唐の朝廷に仕えます。やがて帰国しようと船に乗り込みますが、船が難破して唐にもどらなくてはなりませんでした。こうして阿倍仲麻呂の帰国はかなわず、大陸に骨を埋めることになってしまったのです。

「天の原　ふりさけ見れば　春日なる　三笠の山に　出でし月かも」

阿倍仲麻呂の痛切な望郷の歌です。

向上心と好奇心から、危険をかえりみず海に乗り出していった人々。彼らが持ち帰ってきた知識や文物が、日本の文化をどれだけ豊かにしたかは計り知れません。

◉日本人の民度を高めた大学寮の設置

高等教育の発達もこの時代に進みました。七世紀の天智天皇の時代に創設された学校が大宝律令の制定に伴い教育機関として制度化されました。それが大学寮です。日本人は非常に民度が高い国民です。それは教育によってもたらされるものですが、そのはじまりは奈良時代にあります。

当時の教育制度では、中央に現在の東大や京大のような中心となる大学寮を設置し、地方には国学という大学が置かれ、経書（儒教の書）、律令、書道、算術などが教えられていました。主として官吏を養成するためでしたが、大学は奈良時代にすでにできていたのです。九年間の大学寮修了者は、試験を受け、その成績に応じて位階が授けられました。若干の貴族には特権的な地位があったといわれますが、成績順で地位が与えられ、のちの宋で発達する「科挙制度」をすでに成立させていたのです。今日の官立大学が、制度的にはここでできていたと考えてよいでしょう。

大学ができると識字率が高くなり語学力が増して、抽象的な思考や思想の深みを理解することができるようになりました。感性、感情でものを見るだけでなく、言語（漢語）による認識が可能になりました。日本人の感性は外から知識を取り入れることを恐れません。そして自分たちに必要なものだけを選択的に吸収します。日本の文化に合わないものは入れませんが、言葉は受け入れました。言葉は選びとることができるからです。

日本は仏教を受け入れましたが、そのすべてを受け入れたわけではありません。たとえば地獄や六道といった概念、善悪をはっきりさせるような言葉はほとんど取り入れません。中国にも西洋にも善悪を分ける二元論という考え方がありますが、日本では善悪や黒白というはっきりした判断をしません。それでは正しい判断にはつながらないという認識があるからです。

日本にキリスト教がなかなか入らなかったのも、一神教という唯一絶対の存在がいるという概念が受け入れられなかったからです。二元論では世界は理解できない、それは自然を見ればわかるだろうという捉え方が日本の思想の原点にあるのです。教育を通して、そうした考えが浸透していくことになったのが奈良時代です。

◉聖武天皇の偉大な業績、土地の私有を認めた墾田永年私財法

神亀《じんき》元（七二四）年から天平勝宝《てんぴょうしょうほう》元（七四九）年にわたる聖武天皇の治世こそ、奈良が絶頂を極めた時代というべきでしょう。

ところが、戦後の歴史家たちはこの時代を評価していません。

この時代にも政権争いはありました。疫病もあったし、天災も起こりました。これらは大なり小なり、いつの時代にもあるものです。そこばかりに目を注いで強調していたら、時代の本当の姿は見えてきません。しかし、戦後の歴史家たちはそういうものがすべてであるかのように、この時代を述べてきました。挙げ句には、それをしずめるために大仏殿を建てたり、日本中に国分寺をつくったりして、人々はその労役に駆り出され、ひどい目に遭って大変苦しんだなどといい出す始末です。

思い込みで歴史を語ってはいけません。事実を見ていかなければならないのです。彼らは進んで国家の仕事に協力したのです。少数の者をそれが多数であったかのように取り上げてはなりません。

朝廷は開墾を奨励し、それまで国家の統制が及ばなかった未墾地が開かれていきます。中でも大きかったのが、天平十五（七四三）年に出された墾田永年私財法《こんでんえいねんしざいのほう》です。これは新しく開墾した土地の私有を認めるものです。これによって、人々の開墾への意欲は大いにかき立てられ、水田が広がっていきました。有力な貴族や寺院、地方豪族も盛んに私有地を広げていきました。

歴史を語るなら、こういう新しい動きに注目すべきでしょう。

国の起こりや歴史をまとめようという動きも出てきました。律令政治の仕組みが整って、国家の自覚が強くなった表れです。それが前に述べた『**古事記**』の成立です。**稗田阿礼**《ひえだのあれ》が以前からあった『帝紀《ていき》』や『旧辞《きゅうじ》』を暗記し、天皇の由来を語る物語などを加えて口承し、それを**太安万侶**《おおのやすまろ》が書き取ったものです。和銅五（七一二）年に朝廷に献上されました。稗田阿礼は日本最初の立派な歴史家でした。

『**日本書紀**』は朝廷の事業として編纂されました。天武天皇の皇子の舎人《とねり》親王が中心になって編纂されたもので、記録性が強く意識された歴史書です。養老四（七二〇）年に完成しました。舎人親王らも国家観をもったすぐれた歴史家たちだったのです。

また、地方の伝説や地理、産物などを書いた『**風土記**』を著述するように各国に命ぜられました。これは和銅六（七一三）年のことです。これら数多くの文献の出現は、この時代の文化の成熟にほかなりません。

◉神道をベースとして仏教を受け入れる神仏習合というあり方

天武天皇によってつくられた国家観が『古事記』や『日本書紀』に反映されて国史が編纂されます。それ以後、仏教を取り入れつつ神道を重視する神仏習合が非常にうまくいきます。

たとえば神宮寺という不思議な名前のお寺が七〇〇年代につくられました。これは神仏習合の象徴的な建造物です。神道を基本にして仏教をより豊かに取り入れようとしたのです。奈良時代には南都六宗という六つの仏教が興り、仏教によって国を安定的に治めようとする鎮護国家という考え方が入ってきます。

仏教はインドから中国を経由して入ってきた大陸文化で、それが日本を支配したという見方があります。日本には仏教時代というような国風文化は生まれなかったといわれますが、それは明らかな間違いです。日本には独自の仏教観が生まれましたし、独自の精神風土の中で仏教を培《つちか》ったといってもいいのです。それはすでに述べた聖徳太子の『三経義《さんぎょうぎ》疏《しょ》』に表れています。この聖徳太子による仏教の解釈書が日本の仏教の基本となっているのです。

その上に立って、聖武天皇の時代には東大寺や興福寺《こうふくじ》といった新しい寺院がつくられ、奈良時代の本格的な仏教文化がはじまりました。これは仏像が中心の文化といっていいと思います。最初に仏教が日本に輸入されたときに経典とともに仏像が入ってきました。そこから仏＝釈迦、仏＝仏像という不思議な偶像文化が生まれました。仏像が仏そのものであると考えたのです。それにより仏像は優れた表現でつくられなくてはいけないということになり、仏師という存在が重要になってきたわけです。

聖武天皇は天平九（七三七）年に国ごとに釈迦仏像一体と挟侍《きょうじ》菩薩像二体の造像と『大般若経』を写す詔を出します。また、天平十三（七四一）年には「国分寺建立の詔」が出され、日本中に**国分寺**、**国分尼寺**がつくられました。聖武天皇は仏像を中心とした仏教による鎮護国家をつくろうとされたのです。これは神道の否定ではありません。神道を中心にしてきた日本の心のあり方を仏教の言葉で置き換えようとしたにすぎません。

そのときに問題となったのは、仏教の言葉と目に見える現実をどのようにすり合わせるかということでした。神道は言葉の宗教ではなく、形あるいは事の宗教です。言葉は常に規定をしますから、どうしても現実との齟齬《そご》が多くなります。その齟齬を埋めるためにどうするか。そこで使われたのが、和歌、和文調というものであったのではないかと私は考えています。

和歌の中には仏教用語がまったくといっていいほど出てきません。仏教の言葉は経典を学べば理解できますが、それは言葉の世界であるという見極めがあったのです。そのため、日本では説教という言葉が現実から浮いた思想のように捉えられ、「説教じみた」という言葉があるように否定的な意味さえ出てきます。だから仏教経典を理解するより、それを書いて写すということのほうに日本の仏教理解の仕方があるかのごとくなっているわけです。これは仏教に対する日本的な受け入れ方だと思います。

日本にはもともと言葉よりも事実あるいは現実の動きのほうが大事だという考え方がありました。それが神道的な見方であって、言葉にならない精神の交流やコミュニケーションが日常生活の基本になっているのです。その部分を和歌によって表現するということがはじまったと思うのです。

◉社会福祉活動を政治に反映させた光明皇后の功績

聖武天皇の皇后である光明皇后《こうみょう》（光明子）は藤原不比等《ふひと》の娘で、天皇家の家系以外から初めて皇后になられた方です。光明皇后は文化を大事にされ、正倉院《しょうそういん》の創設や、興福寺や法華寺など多くの寺社の創建・整備に携わりました。また悲田院《ひでんいん》や施薬院《せやくいん》をつくって貧困者や孤児、病人を救済するなど、女性的な目線から社会福祉活動を行っています。同様の施設は聖徳太子が四天王寺につくったとされますが、光明皇后の活動はそれを引き継いだものといえます。

民間出身者が皇后になることには、近親婚による血の濃さから生じるリスクを避けたいという考えがあります。同時に、民間の考え方を反映させるという現代につながる皇室のあり方が生まれました。

老人医療も光明皇后からはじまったといわれます。この時代の老人医療は非常に優れたものでした。当時出された詔には老人に対する医療の配慮が見られます。たとえば八十歳の老人には介護者を一人つけ、九十歳には二人、百歳には五人つけなさいというのです。

そして、その役割は子や孫が担い、子孫がなければ近親者が行い、それもなければ外から人を入れなさいというわけです。つまり、家族が老人の面倒を見ることを命じているのです。

いかに国が国民を大事にしていたかがわかります。これは為政者が積極的に福祉活動を行ったという点で特筆されることです。

悲田院や施薬院のような施設ができた源には昔から日本にある助け合いの精神があります。国民が一つの家族のように互いを待遇し合うという日本の国家観がここによく表れています。

◉飛鳥文化から出発し、日本の古典として成熟した天平文化

飛鳥文化から出発し、七世紀後半の白鳳文化と呼ばれる時代を経て花開いたのが天平文化です。飛鳥時代がアルカイスム時代。次の白鳳時代が初期古典主義時代です。おごそかな法隆寺金堂壁画、五重塔の塑像《そぞう》群、薬師寺の三重塔、青銅の釈迦三尊などに初期古典主義の精髄が見られます。

これを受け継いで成熟したのが、天平時代の古典主義です（一八八頁参照）。アルカイスムから初期古典主義となり、それが古典主義へと成熟していく。この流れはギリシャ文化やルネッサンス期のイタリア文化とまったく同じ展開です。

藤原氏によって興福寺が建てられました。凛々《りり》しい少年の顔をした『阿修羅《あしゅら》像』、そして『八部衆像』、清らかな『須菩提《すぼだい》像』など、いずれも古典主義の美の極致です。

聖武天皇は鎮護国家のために平城京の中央に**東大寺**を建立し、一六メートルの高さがあるブロンズ（青銅）の大仏（盧舎那仏《るしゃなぶつ》）をつくらせました。

その制作を担ったのは国中連公麻呂《くになかのむらじきみまろ》でした。この人の大変すぐれた手腕は、『続日本紀《しょくにほんぎ》』という公式記録で絶賛されています。中国の大仏は岩場を彫ったものですが、東大寺の大仏は素材がブロンズです。大変な技術を要する大事業です。これを成し遂げた国中連公麻呂は大いに称賛されていい。ところがどういうわけか、この人の名は歴史の中であまり語られていません。おかしなことです。国中連公麻呂はもっとクローズアップされていい存在です。

大仏建立に要する費用を集めるために広く一般から寄付を募る勧進の役目は、民衆に人気のあった行基《ぎょうき》という僧侶に依頼されました。

盧舎那仏（大仏）国宝　東大寺（奈良市）

聖武天皇は次のような詔を出されています。

「朕《ちん》（私）は徳の薄い身でありながら、かたじけなくも天皇の位を受け継いだ。朕の志は広く人民を救うことであり、努めて人々を慈しんできた。国土の果てまで思いやりと情け深い恩恵を受けているはずであるが、天下のもの一切がすべて仏の恩恵に浴しているとはいえない。そこで三宝（仏・法・僧）の威光と霊力に頼って、天地ともに安泰になり、よろずの代までの幸せを願う事業を行って、生きとし生けるものことごとく栄えることを望むものである。

そこで天平十五年、菩提《ぼだい》の大願を発して、盧舎那仏の金銅像一体をおつくりすることにした。国中の銅を尽くして像を鋳造し、大きな山を削って仏堂を構築し、広く仏法を全宇宙に広め、これを朕の智識（ほとけに協力する者）としよう。そして最後に朕も衆生《しゅじょう》もみな同じように仏の功徳を蒙《こうむ》り、ともに仏道の悟りを開く境地に至ろう。
天下の富を所有する者は朕である。天下の権勢を所持する者は朕である。この富と権勢をもってこの尊像をつくるのは、ことはなりやすいが、この願いを成就することは難しい。ただいたずらに人々を苦労させることがあっては、この仕事の神聖な意義を感じることができなくなり、あるいはそしり（悪くいうこと）を生じて、かえって罪におちいることを恐れる。……国・郡などの役人はこの造仏のために、人民の暮らしを侵したり、乱したり、無理に物資を取り立てたりすることがあってはならぬ。国内の遠近にかかわらず、あまねくこの詔を布告して、朕の意向を知らしめよ」

この聖武天皇のお言葉には、権勢を誇る気持ちと人民を思う心が同時にあり、それをもって大仏をつくろうと呼びかけています。大仏制作で天下のもの一切が仏恩に浴するようにと望んでおられることがよく伝わってきます。

聖武天皇はさらに国家の安定を祈って、全国に国分寺と国分尼寺を建てさせました。七重塔が各地に建てられました。この時代を天平と呼んだのは、天下が平らかであることを願われたからですが、実際にそうだったといえるでしょう。

◉天平文化を担った天才仏師・国中連公麻呂

大仏制作には大量の金や銅が必要です。天平二一（七四九）年、いまの宮城県から金が発見されました。天皇のお喜びは大変なものでした。そのことは年号を天平感宝と変えたところにもうかがえます（その四か月後、聖武天皇が孝謙天皇に譲位されたので元号も天平勝宝に改められました）。

国中連公麻呂は大仏を見事に完成させました。天平勝宝四（七五二）年のことです。この大仏は治承《ちしょう》四（一一八〇）年、平氏の攻撃で焼失しましたが、どんなに見事な仏像であったかは、『信貴山《しぎさん》縁起絵巻』という絵巻からうかがうことができます。同じ仏師の作品は、東大寺法華堂の気品あふれる『日光・月光《がっこう》菩薩像』、東大寺戒壇堂《かいだんどう》の厳しい面持ちの『四天王像』などが残っていますから、その見事さは推測が容易です。

これらの仏像は神々しさに加えて、動と静をあわせもつ安定した姿を備えています。「静かなる偉大さ」「高貴なる単純」と評されるギリシャの古典彫刻に共通する特徴が明らかに見てとれます。また、この仏師はリアルな『鑑真像』や『行信《ぎょうしん》像』をつくっています。

近代的な写実も身につけていたのです。私はこの仏師を日本のミケランジェロと呼ぶことに賛成です。

最後に目を描き入れて完成させることを開眼《かいげん》といいます。天平勝宝四（七五二）年に行われた東大寺の大仏開眼の式典は盛大でした。インドの仏僧が開眼式を取り仕切ったといわれるように、国際的であったこともその特徴です。このことは当時の世界における日本の政治的、文化的な位置をうかがわせます。

この開眼式に聖武天皇（当時は上皇）は一人の仏教徒として参加されました。それをインドや中国の文化に従ったように理解するのは間違いです。本来仏教は一人の人間としての悟りを促すものです。天皇であろうと一般庶民であろうと一人の人間に変わりはないのです。その重要性を聖武天皇は自らお示しになったのです。

月光菩薩像　国宝　東大寺／写真：奈良国立博物館

式典ではアジアの音楽が

演奏されました。インド、モンゴル、中国、朝鮮などの音楽と舞いが披露されたのです。数百人の楽人、舞人によって演じられました。それは壮大なものだったと思われます。

このころ、政府には雅楽寮という部署があって、三百五十人以上の楽人、舞人、歌手がいたことが知られています。打楽器、弦楽器、管楽器の奏者がいて、日本音楽のオーケストラが編成されていたのです。雅楽が演奏されていました。

東大寺の正倉院には聖武天皇と光明皇后の愛用品が多数収められています。楽器、伎楽《ぎがく》面《めん》、服飾品など多彩な工芸品の多くは、中国、西アジア、中央アジアなどから来ています。もともと唐という国が漢民族ではなく鮮卑《せんぴ》族の国で、中央アジアの文化が色濃いものでしたから、その影響もあるのでしょう。この時代の国際色豊かな様子が浮かび上がってきます。

正倉院の収蔵品は一万点にものぼり、カタログ（目録）も整っています。正倉院は現存する世界最古の博物館といっていいでしょう。

◉『万葉集』の歌はなぜ現代人の心にも響くのか

作品と作者の数の多さ。その作者の層の広さ。そして詩型の多様さ、語彙《ごい》の豊かさ、題材の豊富さ。『万葉集』が世界に類のない詩歌集であることは、いくら強調してもしすぎることはありません。約千三百年前のこの詩歌集がいまも多くの人の心をとらえて放さない理由の一つは、全編に躍動している真の意味での個人主義ではないでしょうか。そのことを『万葉集』の編者と目され、全体の約十分の一と、もっとも多くの歌が収録されている大伴家持《おおとものやかもち》の作品を通して見てみることにしましょう。

「うらうらに　照れる春日に　ひばりあがり　心悲しも　独りし思へば」

「独りし思へば」という言葉のとおり、自分個人の感情をうたっています。まさに個人主義です。個人主義は「近代」になって出てきたもので、「古代」にはなかったと考えられがちですが、そんなことはありません。どんな時代にも個人主義はありました。そうでなければ、個性豊かな作品が生まれるわけはないのです。

「ひさかたの　雨の降る日を　ただ独り　山辺に居れば　いふせかりけり」

この歌もそうです。「いふせかりけり」はいまは使わない言葉ですから難しく思われますが、うっとうしいという意味です。メランコリーを歌っているのです。雨の降る日に山辺に一人こもっていると心が晴れず憂鬱だという意味です。

一方、大伴家持にはまったく趣の異なった歌もあります。

「海行かば　水漬《みづ》く屍《かばね》　山行かば　草むす屍　大君の　辺《へ》にこそ死なめ　かへり見はせじ」

これは大仏制作のための金が陸奥《むつ》で発見されたとき、天皇の幸運を喜んで家持がつくった長い歌に含まれている歌詞です。この歌詞は戦時中に盛んに歌われた「海行かば」のもとになったものです。戦争で悲惨な死を遂げることがあっても、天皇のために命を捧げる、それを悔やんだりはしないという意味です。

歌を見れば明らかなように、大伴家持の心情は個人主義だけではありません。同時に、天皇を中心とした共同体のためには、命を投げ出しても全力で尽くすという気持ちももっているのです。

個人だけに凝り固まってほかのことはまったく考えないというのは、本当の意味での個人主義ではありません。自分という個人を大切にしたいなら、その自分を生かしている共同体を大切にして、共同体のために力を尽くしていく。それが本当の意味での個人主義というものでしょう。古代人である大伴家持はそういう気持ちをもっていました。そして、この気持ちは現代人でも変わりません。

古代人というと、何か現代人とは違う、別の人間のように思いがちです。そんなことはありません。古代人も現代人も同じ人間なのです。だから、『万葉集』の歌は現代人にもよくわかり、心に響いてくるのです。ですから私は日本の歴史を語るときに、西洋で生まれた時代区分である「古代」「中世」「近代」という言葉はなるべく使わないようにしています。そこには「近代」至上主義の思想があるからです。

この時代の和歌は、日本人の個人的感情や自然への思い、人と人との結びつきを歌い、以後の和歌の古典となりました。

「青丹《あをに》よし　寧楽《なら》の都は　咲く花の　薫《にお》ふがごとく　今盛りなり」

当時の人々がどれほど都を喜び、その美しさを愛したか、この『万葉集』に収録された小野老《おののおゆ》の歌がよく示しています。

◉女性天皇の危うさを露呈した宇佐八幡宮事件

天平勝宝元（七四九）年、聖武天皇は光明皇后の間に生まれた娘である孝謙《こうけん》天皇に譲位をします。孝謙天皇は非常に深い教養を持っていました。女性ながら皇太子学を吉備真備《きびのまきび》について学び、内裏《だいり》で五節舞《ごせちのまい》を自ら舞ったといわれるほどです。

孝謙天皇は紫微中台《しびちゅうだい》を設けて藤原仲麻呂を紫微令《しびれい》に任じ、政治を執り行いました。天平勝宝四（七五二）年には大仏開眼供養会を催しています。後に淳仁《じゅんにん》天皇に譲位をして上皇になりますが、このとき自らの病気の看病をした法相《ほっそう》宗の僧侶である道鏡を寵愛します。上皇はこれに反発し対立した仲麻呂らの反乱を鎮圧し、淳仁天皇を廃位したのち天平宝字八（七六四）年に重祚《ちょうそ》して称徳《しょうとく》天皇となりました。

称徳天皇は宇佐神宮《うさじんぐう》で「道鏡が皇位に就くべし」との神託があったという報告を受け、道鏡に天皇の位を与えようとしました。ところが、和気清麻呂《わけのきよまろ》を勅使として派遣して調べさせたところ神託が虚偽であることが判明し、逆に道鏡を天皇の位に就けると天下は大変なことになるという神託があったことがわかりました（宇佐八幡宮神託事件）。

結局、道鏡は天皇になることはなく、称徳天皇が宝亀《ほうき》元（七七〇）年に崩御すると下野《しもつけ》国に流され、宝亀三（七七二）年にその地で亡くなり、一件落着となりました。

この時代の一連の動きは、天皇が精神的な存在という立場を超えて実際に政治を執り行おうとすると必ず無理が出てくることを教えています。特にこれ以後、女性天皇はほとんど出なくなります。この事件が皇位継承の大きな教訓として皇室に残ったということでしょう。

女性が天皇になると伴侶の問題が当然生まれます。万世一系の天皇の血筋が途絶える危険性があるわけです。しかし、たとえ道鏡が優れた人物であったとしても、天皇が自ら政治をなさると有能な家臣が天皇の位に就くような事態が必ず起きるのです。

この事件の後も皇位継承の混乱は続きましたが、最終的に万世一系の血筋は続きました。天武天皇系の血筋に代わって、天智天皇系の光仁天皇が六十歳前後という高齢でありながら即位することになったのです。光仁天皇の皇太子が桓武《かんむ》天皇です。桓武天皇が即位すると世の中は大きく変わることになっていきます。

[コラム]世界の神話の中でももっとも重要な記紀神話

　和銅五（七一二）年に『古事記』が、養老四（七二〇）年に『日本書紀』が完成します。戦後、この二書は『古事記』は天武天皇が天皇家の権力を、『日本書紀』は藤原家が摂政の権力を肯定するためにつくらせた偽書あるいは捏造された歴史書だと批判され、無視されてきました。二書を否定する人たちは、代わりに中国で四世紀に書かれた『魏志倭人伝』を使って日本の古代を論じようとしました。ところが、今日では『古事記』の編者である太安万侶《おおのやすまろ》の墓が発見される一方、卑弥呼や邪馬台国はその存在自体が疑われています。

　この二書を比べると『古事記』では神代から推古天皇までの歴史が語られ、『日本書紀』は神代から持統天皇の時代までの歴史が書かれています。これ以降は『日本書紀』を第一の書として、六国史という形で国の歴史が年代別に書かれることになります。

　また、『古事記』には物語の割合が多く、『日本書紀』には事実が記述される傾向があります。とはいえ推古天皇以前の時代には記録自体が文字として残っていませんから、『日本書紀』にもフィクション的な書き方がされている部分は多くあります。そのため『日本書紀』も不正確であり歴史の史料に値しないといって、高天原の時代はもちろん神武天皇の存在も含めてフィクションだと否定する意見もあります。

しかし、この二書は国家成立を目的として神話をつくったわけではありません。そこには外国の神話に共通するパターンがたくさん入っています。たとえば死んでしまった伊邪那美（イザナミ）に会うために黄泉《よみ》の国に行った伊邪那岐（イザナギ）が伊邪那美の「振り返ってはいけない」という忠告を聞かずに振り返ったために怒り狂った伊邪那美に追いかけられたというエピソード、因幡《いなば》の白兎《しろうさぎ》の話、海幸彦・山幸彦の話などは、外国にある神話と非常によく似た要素が入っています。なぜそうなのかといえば、共通の神話のタイプをもつ民族あるいは人間の記憶が書き込まれていると考えられます。

それは天皇家を高め、正当化するためにつくられたエピソードでも神話でもないのです。太古、世界の各地から日本にやってきた人たちのもっていたそれぞれの地域の神話の記憶が織り込まれているのです。

私が日高見国の存在を唱えるのは、高天原という概念が宙に浮いたものとして、あるいは垂直方向にある天国の話としてつくられたフィクションであるという考え方を批判して、それが東国に住んでいた日本人の記憶の反映だと考えるからです。日本の神話は天津神《あまつかみ》と国津神《くにつかみ》を分けながらも結局、日高見国の記憶を反映したものなのです。そう見ていくと、神話と現実にある考古学的な発見が次々に合致していくことに気づきます。

そういう新しい歴史は神話を読み解くことと同時に、そこにある種の物語性を含めていくことによってつくられます。だから、鹿島と香取、鹿島と鹿児島、東（アヅマ）と薩摩（サツマ）といった言葉の連想が現実の歴史の中に組み込まれているのです。『日本書紀』にはたくさんの注が入っています。「一書に曰く」（一説によれば）という形式で、場合によっては十も二十も注が出てきます。それは一つの出来事に対する人々の記憶がそれぞれ違うということを意味しますが、それらを比べていくと現実にあったと思われる歴史が透けて見えてきます。

同時代に二つの歴史書ができたことは、この時代の知的レベルの高さ、歴史家の認識力の深さを感じさせるもので、多少の齟齬《そご》をあげてそれを否定するべきではありません。それどころか、世界の神話の中でももっとも重要な書として『古事記』と『日本書紀』を推薦したい気持ちでいっぱいです。

第七章

平安時代——貴族が極めた宮廷文化の頂点

◉約四百年続く安定した宮廷政治・平安時代のはじまり

平和で安らかな時代。平安時代はその名のとおりの時代だったといってよいでしょう。最後は武士たちによる争いが起こりましたが、鎌倉に幕府が開かれるまで、約四百年も安定した宮廷政治が行われました。約四百年です。江戸時代よりも長いのです。安定して、もっとも長く続いた政権でした。

桓武《かんむ》天皇による**平安京**への遷都で平安時代ははじまりました。延暦《えんりゃく》十三（七九四）年、いまの京都の地に都を新たに建設したのです。これまで平城京で天武天皇系の天皇がつくった天平文化と異なる時代を生み出そうとしたわけです。

桓武天皇は強い指導力で積極的に政治の改革を進めました。それまで律令制のもと原則として土地は公地公民制により天皇が所有していました。そのため天皇に権力が集中し、天皇を中心とした文化が花咲いたわけです。桓武天皇は律令官制を重視し、さらに令外官を置きました。また天皇は三度にわたり東北の「蝦夷《えみし》征伐」を命じますが、その後、軍事遠征が百姓たちの負担になるとの建言を受け入れて中央の軍隊を廃止し、健児《こんでい》制を導入して地方軍事力を整備しました。

これらの改革は中央集権から地方分権への制度変革の取り組みといってもいいでしょう。その流れの中で桓武天皇は、それまで人を中心に課税していた税金を土地に課税するという方向に転換しました。これらの改革を行うことで地方の氏族が独立性を保ち、土地と結び付いた政治をするように仕向けたのです。こうして九州南部や東北地方など、まだ律令国家の力が及んでいない地域にも、統治を広げていきました。

その後、醍醐《だいご》天皇と村上天皇の治世は「延喜《えんぎ》・天暦《てんりゃく》の治《ち》」といわれ、公家政治の理想と後代に語られるような政治が行われました。前代の法律の「律令」を新たな法律の「格式」に移行し、班田の励行を徹底したり、私領である荘園の増加を抑えたりしました。国の歴史書である『三代実録』や勅撰《ちょくせん》和歌集の『古今和歌集』の編纂も行われました。

◉東北にいた日高見国系の人たちとの戦いだった蝦夷征伐

東北地方に住む蝦夷の人々が反乱を起こしたとき、坂上《さかのうえの》田村麻呂《たむらまろ》を征夷大将軍として朝廷の軍勢を送り、これを打ち破って支配を強めました。この「蝦夷征伐」は大和朝廷が初めて積極的に仕掛けた戦争といえます。先に縄文・弥生時代に関東・東北を中心とする日高見国という国があったことを述べましたが、東北で抵抗を続けていた蝦夷とは、その地に残っていた日高見国系の末裔だったと私は考えています。

天孫降臨以降、日高見国の人々が次第に西に移住したため、東国の力は弱まりました。しかし、もともとは建御雷神（タケミカヅチノカミ）を祖神とする武士たちの国ですから、まだまだ力は健在だったのでしょう。だから、古墳時代には日本武尊（ヤマトタケルノミコト）が東征を行い、押さえにかかったのです。坂上田村麻呂が征夷大将軍として行った蝦夷征伐も同じことだったと考えられます。

天皇家はもともと高天原系＝日高見国にルーツをもつと述べましたが、同じ日高見国系の人々の征伐を行うというのはどういうことでしょうか。一つには、仏教を入れるときの争いで日高見国系の物部氏が帰化人系の蘇我氏に敗れ、天皇を支える勢力が日高見国系の人々から帰化人系あるいは神武東征のときに従った関西系の人々に代わったことが考えられるでしょう。もう一つは、日高見国そのものの記憶が薄れていて、単に東北にいる独立性をもつ夷《えびす》がいるから征伐しなければならないという認識になっていたことが考えられます。

いずれにしても、大和国の建国までは東が西を制する形だったものが、この時代になると西が東を制するという形に変わっていったのです。

◉権勢をきわめた藤原道長、大宰府に流された菅原道真その光と影

朝廷の仕組みが整い、天皇の権威が安定してくると、天皇が政治の場で直接意向を示す必要が少なくなっていきました。それにともなって、政治の実権の形にも変化が表れてきます。

天皇を俗界の政治の場から遠ざけて聖なる存在とし、聖と俗に分けることによって政治を安定させる体制ができてきたのです。

その体制の中心になったのが藤原氏でした。

藤原氏は九世紀の中ごろから幼い天皇の摂政となり、成長したのちは関白として天皇を補佐し、国政の実権を握るようになりました。十世紀後半から十一世紀中ごろまで、このような摂政、関白が力をもつ政治が続きました。これを**摂関政治**といいます。

摂関政治がもっとも盛んだったのは、藤原道長とその子の頼通《よりみち》のころです。藤原氏は朝

廷の高い地位を独占し、多くの荘園をもって、力を発揮したのです。

藤原道長は自分が力をもち、栄えているのを誇って、こんな和歌を詠んでいます。

「この世をば　わが世とぞ思ふ　望月《もちづき》の　かけたることも　なしと思へば」

（この世はまるで自分の世のように思われる。満月が少しも欠けたところがないように、望みがすべてかなって満足だ）

藤原氏が権勢を誇る世界で、ある意味では犠牲になった人もいます。菅原道真《すがわらのみちざね》です。菅原道真はいま、天神様として祭られています。いまではむしろ、「受験の神様」というほうが有名でしょう。彼が祭られている北野天神や太宰府天満宮《だざいふてんまんぐう》にお参りして合格を祈願した人も多いのではないでしょうか。

この道真は漢学者の家に生まれました。大変な秀才で宇多《うだ》天皇にその才能を見込まれ、政治の世界でも出世して右大臣になります。ところが、左大臣の藤原時平《ときひら》にうとまれ、九州の大宰府に左遷されてしまったのです。

菅原道真は文才に秀でていました。自分の人生を深く考察した彼の漢詩は、日本人の書いた漢詩として最高のものだと思います。その私的心情が、彼の漢詩に真実性を与えているのです。一つ挙げておきましょう。彼の死の数カ月前に書かれた「滅《き》ゆ」と題する漢詩です。難しいと思われるかもしれませんが、とにかく読んでみてください。

脂膏先尽不因風
殊恨光無一夜通
難得灰心兼晦迹
寒窓起就月明中

脂膏《しこう》先《ま》づ尽く　風に因《よ》らず
殊《こと》に恨《うら》む　光の一夜を通すこと無《な》きことを
得《う》ること難し　灰心《かいしん》と晦跡《かいせき》と
寒窓《かんそう》起《お》きて就《つ》く　月明の中《うち》

（ともしびが消えてしまうのは、十分に確保できない油がはや燃え尽きてしまうから。けっして風のせいなどではない。

眠れないわたしが特に恨めしく思うのは、灯の光が、こんなわけで一晩中照らしていてはくれないということだ。

火が消えた後の灰のように心を無感動な忘我の状態にしたり、また闇に隠れるように世間から逃れて隠者として暮らすことは、わたしにはむつかしい。

ともしびの消えた後、わたしは起き上がり、寒々とした深夜の窓辺に身を寄せるのだ。月明かりの中へと……。）

山本登朗・訳

眠れぬ夜を過ごす道真のつらさ、悲しさがよく感じられます。

道真の死後、都では落雷、日蝕、地震などの天変地異が起こりました。それが道真の霊の仕業であるという噂が立ちました。それを裏づけるように藤原時平は病に伏し、道真の左遷を進言した人たちはみな不幸な死に方をしたといいます。このような噂が立ったのも、道真が偉い人だったことが広く知られていたからでしょう。

◉国家を安定に導いた藤原氏の摂関政治

桓武天皇は血筋が絶えることのないよう意図的に十人以上の子供をもうけて後継者を安定させようとしました。そして自らの崩御後に皇子たちを順番に皇位に就けようと考えました。その結果、嵯峨《さが》天皇をはじめとする名天皇が輩出し、男系天皇が藤原冬嗣《ふゆつぐ》や藤原良房《よしふさ》といった摂政関白を上手に使って墾田開発を行うなどして安定した政治を執り行っていきました。また、天皇にならなかった子供たちは国司として地方に行かせました。その結果、中央とのつながりを保ちながら地方改革を進め、豊かな国づくりが進むことになりました。

貞観《じょうがん》八（八六六）年、応天門《おうてんもん》の変が発生しました。これは応天門が何者かに放火され炎上した事件ですが、これをきっかけに伴《とも》氏（大伴氏）が朝廷から排除されました。藤原氏は地方分権化を進め、天皇は権威として存在するようになりました。ここから天皇家の安泰が生まれてきたといえます。

摂関政治は藤原忠平《ただひら》が摂政関白になった忠平執政期に確立したといわれます。この時代に、藤原家が国家を統《す》べる政治を一つの仕事として、その家系が代々それを継いでいくという体制が出来上がったのです。幼少期から家業のある家に生まれた子供は幼少期から仕事に慣れさせていくことにより家業を継ぐ能力を身につけます。それが政治でもいえるのです。ここには、今日のような政権に対する不信感は生じませんでした。役割分担の世界だったからです。

十世紀の後半に、花山《かざん》天皇が荘園整理令を発布しましたが、これに反発した摂関家が花山天皇を退位させるという事件が起こりました。これは天皇が政治権力をふるおうとすると摂関家が歯止めをかけるという関係が出来上がっていたことを示しています。

今日、藤原氏への政治権力の集中は悪く解釈されがちですが、実際は政治について知悉《ちしつ》している藤原家が常に政治の中枢にいたことが国家の安定につながったのです。近代になって日本はすべてが変わったように思いがちですが、藤原氏のような伝統のある血筋の人が政治を執るという形は先の大戦まで続いていました。国民はそれで安心するのです。それは平安時代にはじまり、その伝統と文化が日本の基調となって続いてきたのです。

◉仏教の教えに大転換をもたらした最澄と空海

奈良時代の仏教は、国家や政治との結びつきが強いものでした。華厳《けごん》経にせよ金光明《こんこうみょう》経にせよ、鎮護国家――国家を鎮め護るのが大きな役目だったのです。同時に自力本願という本来の仏教のあり方をずっと踏襲していました。これは聖徳太子からの流れです。ところが桓武天皇によってもたらされた新しい仏教は他力本願の文化をつくりました。ここから天平文化と平安文化を支える仏教観の違いが出てきます。平安時代になると、自己の煩悩を自ら律するという態度がなくなっていくのです。それは仏像の表現にも反映されて、平安時代の仏像には天平時代のような深さ、強さがなくなっていきます。

新しい仏教の中心になったのが最澄《さいちょう》（伝教大師《でんぎょうだいし》）と空海《くうかい》（弘法大師《こうぼう》）です。この二人の僧侶が日本の仏教に与えた影響は実に大きなものがあります。少しくわしく見てみましょう。

最澄は近江《おうみ》に生まれました。十九歳で比叡山《ひえいざん》にのぼって天台の経典を読み、一乗止観《いちじょうしかん》院《いん》という小さな堂で修行しました。延暦二十三（八〇四）年、遣唐使の一人として唐に渡り、天台宗を学んで、翌年多くの経典をもって帰国しました。そして、比叡山の**延暦寺**で法華経を中心とする日本独自の**天台宗**を開いたのです。

都ではなく、山に寺をつくったところが注目されます。これには山が信仰の対象になる神道の影響が考えられます。

最澄は「山家学生式《さんげがくしょうしき》」という基準を定めて学僧たちに守らせ、「大乗戒壇《だいじょうかいだん》」という僧侶の地位を定める組織をつくろうとしました。しかし、南都の奈良仏教諸宗がこぞって反対したので、これは生前には実現しませんでした。

最澄は『顕戒論《けんかいろん》』を著し、大乗戒を説きました。それまでの仏教は、聖徳太子の在家の仏教重視の考え方にもかかわらず、出家者中心で、出家者個人を救済することが主になっていました。しかし、大乗仏教は人々すべてに仏性《ぶっしょう》があるという考え方でした。最澄はこの考え方に立って、出家者だけでなく、すべての人々を救済するのが仏教だと訴えたのです。それが大乗戒です。

こうして、比叡山は日本仏教の中心地の一つになっていきました。

最澄のあと、唐から帰国した円仁《えんにん》（慈覚大師《じかく》）が延暦寺の座主《ざす》になりました。彼も比叡山の地位を高めるのに力があった人です。慈覚大師といえば、東北や関東の多くのお寺の開祖ということになっています。これは彼がいまの栃木県の出身であることが関係しているのでしょう。

彼は『入唐《にっとう》求法《ぐほう》巡礼《じゅんれい》行記《こうき》』を著しました。これは九世紀の唐の様子をくわしく記述しており、おかげで当時の唐の姿をよく知ることができます。このために彼は日本のマルコ・ポーロといわれていますが、そのとおりだと思います。

もう一人、空海は平安仏教の大きな存在です。四国の讃岐《さぬき》の人で、はじめは当時の大学である大学寮に入り、儒学などを学んでいました。そして、『三教指帰《さんごうしいき》』という本を著します。これは現世を重視して現実での行いや心のもち方を大切にする儒教や道教と比べて、仏教はそれを超える教えであると結論づけ、仏門に入る決意をしたことを明らかにしたものです。この本は対話の形式で書かれていて、大変わかりやすいものです。ギリシャ哲学のプラトンの著作を思い起こさせます。この本を著したとき、空海は二十四歳でした。まさに若き日の思索の結晶です。

最澄が遣唐使の一人として唐に渡った延暦二十三（八〇四）年、空海もその一行に加わって唐に留学しました。真言の深さを学ぶためでした。

真言とは大日如来《だいにちにょらい》の真実の言葉という意味です。如来の真言は深く、秘密であるということで、密教と呼ばれていました。もともとは七世紀後半にインドで成立したもので、八世紀に中国に伝わりました。

唐の都長安の青龍寺に、恵果《けいか》という僧侶がいました。この人が密教の教えを受け継ぐ一人でした。空海はこの人に出会うのです。空海は最澄などが帰国したあとも唐にとどまって、恵果のもとで密教を学びました。恵果も空海の才能を見抜き、三年を経ずに空海を後継者に指名しました。

それにしても、恵果は唐の人です。日本語がわかるはずがありません。空海が唐の言葉をマスターしていたのです。それも日常会話がわかる程度ではありません。密教の深い教えが理解できる語学力を備えていたのです。空海はいつ、どのようにして語学力を身につけたのでしょうか。資料がないだけに興味がわくところです。

空海は恵果の期待に応え、帰国すると高野山に金剛峯寺《こんごうぶじ》を建て、真言宗《しんごんしゅう》を開きました。これも、最澄の比叡山よりさらに都から離れた山の中です。山岳信仰という日本人の神道的伝統が流れていることが感じられます。

密教の教えは神秘的で難解なものです。ですが、空海のやったことは具体的で、人のために尽くそうというものでした。綜芸種智院《しゅげいしゅちいん》という学校を設立して教育に努めたり、讃岐の満濃池《まんのういけ》の修復に力を注いだりしました。

◉神道と仏教の一体化はどうはじまったのか

密教の思想が九世紀の日本文化に与えた影響は大きなものでした。密教は神秘的な色合いが強いため、九世紀の美術には知的な傾向が強くなります。神護寺の薬師如来像はその一例です。厳しい目つき、口を曲げた表情に、神秘的な傾向が現れています。この像には山岳宗教の影響も見られるようです。

空海が創建した教王護国寺（東寺）の多くの彫刻にも、密教の影響がよく出ています。空海は「美術でなければ密教の教えの意味は伝えられない」といい、絵画では複雑な曼陀羅《まんだら》図をたくさんつくらせました。東寺には曼陀羅図を彫刻にしたものがあります。

不動明王は憤怒の像ですが、天平時代の怒りの像には自然さがありました。しかし曼陀羅図ではその自然さは消え、冷たい怒りに変わっています。不動明王を取り囲む四大明王の像も怒りが過剰に表現され、どこか不自然でさえあります。梵天《ぼんてん》や帝釈天《たいしゃくてん》の像も不自然さが残っています。

様式的になることを「マニエリスム」といいますが、これらの像がマニエリスム的傾向を示していることは確かです。そして、これがこの時代の美術の魅力の一つになっていることは否めません（一八九頁参照）。

この時代には毘沙門天像《びしゃもんてん》もたくさんつくられました。東北の成島《なるしま》にある毘沙門天像は四メートルの高さがある大きなものですが、充実した姿を示しており、この時代の傑作の一つです。

前にも述べたように、天台、真言の両宗は奈良時代の南都諸宗とは異なって山岳に伽藍《がらん》をつくり、修行の道場にしました。明らかにそれまでの都市の仏教とは違う特色がありました。そこには山岳信仰と結びついた修験道《しゅげんどう》の基礎がありました。

修験道とは山岳に登り、その地形を生かして修行し、呪力を得るものです。その道場として尊敬されたのが熊野三山でした。その後、多くの人々によって参詣されました。

これは神仏習合の動きといえます。「本地垂迹説《ほんじすいじゃくせつ》」が説かれるようになりました。「本地」とは本体のことです。神の本地、すなわち本体が仏であり、仏が人間を救うためにこの世に現れたのが神道の神であるという考え方です。それぞれの神に特定の仏を当てはめることもされました。天照大神の本地は大日如来、石清水《いわしみず》八幡の本地は阿弥陀三尊という具合です。

すでに述べたように、もともと神道と仏教は性格が異なります。神道は日本人の共同体のための宗教であり、仏教は個人を対象とする宗教です。しかし、人間が個人として生き、同時に共同体の中で生きていくためには、この両方が必要です。仏教が鎮護国家を主張しようと、その本質は変わりませんでした。神仏習合は日本人にとってきわめて自然なことだったのです。それはどちらがすぐれているかという問題ではありません。

日本は中国や朝鮮から入ってきたあらゆるものを日本化しました。これは神道という共同宗教の強さの表れといっていいでしょう。神仏習合による仏教の神道化は最たるものですが、政治制度も儒教などの思想もすべて日本化していきました。

天台仏教も真言仏教も山岳仏教になりました。各地へ広がると自然信仰とともに発展していくのです。高野山では自然との交わりという中で「空《くう》」とか「無《む》」といった言葉が理解されていきます。

九世紀後半、唐では仏教が武帝によって弾圧され、同時に国家としても力を失っていきました。これにともない、寛平《かんぴょう》六（八九四）年、遣唐使が取り止めになりました。もはや唐に学ぶ必要はないという、日本の自立した文化を確立する自信の表れともいえます。

やめさせたのは、先ほど述べた菅原道真です。

これがきっかけになりました。唐文化の影響から離れた宮廷文化が花開くのです。これを**国風文化**といいます。国風文化は藤原氏の摂関政治の時代にもっとも盛んになっていきます。

宮廷の人々は美しい自然を庭に取り入れた寝殿造りの邸宅に住み、日本の自然や人物を題材にした大和絵で室内の襖《ふすま》や屛風《びょうぶ》を飾りました。

◉傑出した女流文学者——エッセイの清少納言、小説の紫式部

『古事記』や『万葉集』には漢字の音や訓を日本語の音節に当てはめて日本語に書き表す、いわゆる万葉仮名が用いられていました。その万葉仮名がしだいに簡略化され、片仮名、平仮名になっていきました。**仮名文字**がつくられたことは、日本の文化に大きな影響をもたらしました。国風文化が一層洗練されたものになっていくのです。

日本の文学はさらに独自性を発揮していきます。それが九世紀後半からの和歌と物語文学です。

特に平仮名は貴族の女性の間に広がりました。**清少納言**《せいしょうなごん》は、鋭い観察眼で宮廷生活をつづった**『枕草子』**を著しました。

清少納言は才気煥発《かんぱつ》な女性です。

「春は曙《あけぼの》。やうやうしろくなり行くやまぎは、すこしあかりて、むらさきだちたる雲のほそくたなびきたる」

このように『枕草子』の冒頭では四季それぞれの興趣を取り上げ、春は曙（明け方）、夏は夜、秋は夕暮れ、冬はつとめて（早朝）と畳みかけていきます。このテンポのよさ、男性と対等な立場で書かれた人々の生活ぶりへの機知とユーモアが『枕草子』を傑作にしています。

表現力という点では天平のころのほうがはるかに強いと思いますが、この時代は表現が洗練されていきます。生活の中での感性が研ぎ澄まされていく、あるいは自然との交わりの中で感受性がより細やかになっていくのです。このことは『枕草子』はもちろん、和歌や紀行文などを見てもよくわかります。

同じく宮仕えの女性であった紫式部《むらさきしきぶ》は『源氏物語』を書きました。桐壺の帝《みかど》の皇子である光源氏と、彼を取り巻く女性たちとの交わりを描いた物語です。これは世界最初の本格的な長編小説です。こまやかな文章による個性の書き分けにすぐれ、近代を含め日本最高の文学作品といってよいものです。

紫式部が生きたのは藤原氏の全盛時代です。藤原為時《ためとき》の娘で、幼いころに母を亡くしました。父親に育てられ、子供のときに漢詩などを学び、十分な教養を積みました。夫の藤原宣孝《のぶたか》と死別してから、一条天皇の中宮、上東門院《じょうとうもんいん》に仕えました。この人はあの権勢を誇った藤原道長の娘の彰子《しょうし》です。紫式部は宮仕えに出るのと前後して『源氏物語』を著しました。

『源氏物語』に戦争は一切描かれません。光源氏が地方に行って国司となって土地争いを調停するようなことはないのです。せいぜい左遷されて須磨《すま》にひっそり住むということぐらいです。それは源氏が貴族だからと考えられがちですが、そうではなくて、天皇と摂関政治が非常に安定していることを表しているのです。

女性が強い感受性を発揮して文学をつくる能力をもつこと自体、社会が安定していた証拠といえます。そうした時代背景のもとに豊かな文化が育まれていったのです。

ストーリーを追ってみましょう。

光源氏をめぐって多くの女性が登場します。幼くして死に別れた母に似た藤壺の姪に当たる紫の上が、理想的な女性として描かれています。源氏の正妻であった葵の上、そのほかに夕顔、六条の御息所《みやすどころ》、末摘花《すえつむはな》など、登場してくる女性は多彩で、個性的でもあります。

一時、宮廷内の空気が源氏に不利になります。源氏は自ら須磨に移って寂しい生活を送りますが、やがて許されて京に帰り、ついに内大臣になって栄華を極めます。

しかし晩年は親しい人々を亡くしていき、紫の上にも先立たれます。若いころの意欲にまかせた罪の因果応報を感じるようになり、寂しさのうちに一生を終えます。

物語は光源氏から次の世代へと移ります。源氏の子、薫は父に似ない実直で陰鬱な人です。宇治の宮の娘、大君を愛しましたが死別し、その異腹の妹、浮舟に思いを寄せますが、浮舟は自殺してしまいます。ハッピーエンドではなく、悲しい結末なのです。

江戸時代の思想家本居宣長《もとおりのりなが》はこの物語を「もののあわれ」が描かれているといいました。人間のしみじみとした情を「あわれ」といったのでしょう。

確かに『源氏物語』には政治や社会のことはほとんど書かれていません。叙事詩的な物語の要素がなく、叙情詩といってよい構成です。だからこそ反古典的であり、最高に洗練された宮廷文学になっているのです。特に注目されるのは、源氏が、学問のみならず和歌、絵画、音楽、舞楽、香合せ（香を焚いてその香りの優劣を競う遊び）にまで才能を発揮する「万能の天才」として描かれていることです。

「絵合せ」の巻には、二つのグループに分かれてそれぞれ優れていると思う絵画を出し、それを皇子や貴族が目利きして勝ち負けを決める様子が描かれています。この絵合せに光源氏が描いた須磨の絵巻が出されたときの目利きは異母弟の帥《そち》の宮でしたが、『源氏物語』ではこの源氏の作品についてこう書いています。

「源氏のような天才が清澄な心境に達した時に写生した風景画は何者の追随をも許さない。判者の親王をはじめとしてだれも皆涙を流して見た。その時代に同情しながら想像した須磨よりも、絵によって教えられる浦住まいはもっと悲しいものであった。作者の感情が豊かに現われていて、現在をもその時代に引きもどす力があった。須磨からする海のながめ、寂しい住居、崎々浦々が皆あざやかに描かれてあった。草書で仮名混じりの文体の日記がその所々には混ぜられてある。身にしむ歌もあった。だれも他の絵のことは忘れて恍惚となってしまった。圧巻はこれであると決まって左が勝ちになった。」（与謝野晶子訳）

源氏の絵が、絵師のそれよりもすぐれていると評価されます。源氏を優美な文化そのものを身につけた、日本人の理想の存在として表現しているのです。約五百年後のイタリア「ルネッサンス」では、カスティリオーネの『宮廷人の書』にその時代の人々の様子が描かれていますが、そこでの貴人の教養以上のものを、源氏はすべて身につけていたのです。絵もうまかったことで、まさにレオナルド・ダ・ヴィンチを髣髴《ほうふつ》させます。

また、この文章からは、九世紀から十世紀の平安時代に、中国の山水画や人物画のまねではない、日本の自然の風景と生活ぶりを描いた絵が存在していたことを予想させます。同時に、その絵の目利きを専門家ではなく貴族がするというのは、この時代の文化の高さを思わせます。

芸術家というと特殊な人間のように思いがちですが、本来は階級や生活の違いに関係なく、才能があれば芸術は誰でもつくれるものです。『万葉集』にも天皇から防人まであらゆる身分の人間の詠った歌が集められています。こうした事実は、文化を決して進歩史観で見てはいけないということを教えています。それとともに、人間の生き方は縄文から現代まで変わらないという新たな人間観、人間の見方を学ぶことができると思うのです。

この時代に平仮名によって書かれた文学の担い手の多くが、宮廷の女性たちであったことは特筆すべきことです。女性は自由だったのです。その代表的な例として、小野小町の歌を一首紹介しておきます。

「花の色は　うつりにけりな　いたづらに　我が身世にふる　ながめせしまに」

恋に明け暮れている間に我が身は衰えてしまったという嘆きの歌ですが、絶世の美人といわれた女性の正直な感慨がうたわれています。

●すぐれた文学作品が続々誕生した理由

和歌では醍醐天皇によって、延喜五（九〇五）年、最初の勅撰和歌集である『**古今和歌集**』が編まれました。勅撰和歌集とは天皇の詔によって編集された歌集のことです。**紀貫之**《きのつらゆき》らが編者となり、約千百首の歌が集められました。一番多い季節の歌がはじめに置かれています。

紀貫之はその序文を仮名で書き、次のように述べています。

「やまと歌は、人の心を種として、よろづの言の葉とぞなれりける」

人間の感情がすべての詩歌の源泉であるということです。日本人がいかに生活の中の歌を大事にしていたかを語っています。世界の詩歌の多くは、民族のもっている神々の力、英雄の戦いぶり、道徳的政治的な真理といったものが歌われるのですが、ここでは、

「花に鳴く鶯、水にすむ蛙の声を聞けば、生きとし生けるもの、いずれか歌をよまざりける」

と自然に対する感受性が詩歌で一番重要だとしているのです。

『万葉集』では梅を主題にした歌が多いのですが、『古今和歌集』では、

「世の中に　絶えて桜の　なかりせば　春の心は　のどけからまし」（在原業平《ありわらのなりひら》）

というように、桜が圧倒的に多くなっているのはおもしろいことです。国風化による好

みの変化でしょう。

『古今和歌集』の基調は、言葉の上の「たくみ」です。これは『万葉集』の率直さとは対照的で、洗練された作為が見られます。古典的様式に対するマニエリスムの特徴があるといっていいでしょう（一八九頁参照）。内容の強さよりもマニエラ（形式、様式）が重要なのです。

この『古今和歌集』の編者である紀貫之は、『土佐日記』も書いています。私的な旅日記ですが、

「をとこもすなる日記といふものを、をむなもしてみむとて、するなり」


と冒頭で記し、仮名文字で著しているのです。男性は漢文がもっぱらで、仮名は女性が書くものだったことを踏まえ、女性になりすまして書いたのです。「たくみ」の作為を好む風潮を反映しているといえるでしょう。

そのほかにも、たくさんのすぐれた文学作品が生まれました。

『竹取物語』は児童向けに翻案されて、いまでも多くの人に読まれています。竹から生ま

れたかぐや姫が求婚する貴族たちをことごとく退けて月に帰っていくというファンタジックな物語です。九世紀の末につくられたこの話がいまでも愛されているというのは、考えてみれば驚きです。

『宇津保《うつぼ》物語』は十世紀の後半に書かれた長編です。最初は俊蔭《としかげ》の物語で、遣唐使として乗り込んだ船が暴風に遭い、波斯国（ペルシア）というところに漂着し、仙人に会って琴《きん》を学び帰国するという空想的な話からはじまっています。その後は、美しい女性の貴宮《あてみや》への求婚の物語で、宮廷の様子が語られています。

『落窪《おちくぼ》物語』は継母にいじめられる落窪が、道頼という貴公子に救われ、復讐をするという物語です。西洋のシンデレラ姫の話を思わせるものがあります。

歌物語といわれる『伊勢物語』もあります。これは在原業平《ありわらのなりひら》が作者の一人と見られ、百二十五段からなり、ある男の元服から死までを、仮名の文と歌によって構成した章段を連ねることで描いています。

◉極楽浄土への強い憧れから生み出されたすぐれた芸術作品

この時代、日本の山水や人物を題材とする大和絵がおこりました。絵画における国風文化です。貴族の住宅である寝殿造りの内部の襖や屛風を飾る絵として使われました。仏画と大和絵を融合した山水屛風も出てきます。その柔らかい線と上品な色彩は、絵巻に影響を与えました。

『源氏物語絵巻』がその代表格です。これは絵画としての優美さを追求しながら、一方では人間の顔を単純に描く「鉤鼻《かぎばな》」とか、家の中の様子を上からのアングルで見た「吹き抜け屋台」とか、一つの形式化を試みています。マニエリスムの様式が顕著なのです（一八九頁参照）。美しい光源氏の顔も紫の上の顔も同じ様式でしか描かれておらず、絵画が物語の挿し絵にとどまっているのは、文学のほうがあまりにも有名だったからでしょうか。

しかし、宮廷を描いた絵画ばかりではありません。動物の姿をかりて当時の世の中を風刺した『鳥獣戯画《ちょうじゅうぎが》』。民衆の信仰の姿を描いた『信貴山《しぎさん》縁起絵巻』。迫力のある火災の場面と人々の生き生きとした姿が描かれている『伴大納言《ばんだいなごん》絵巻』。いずれも素晴らしいものです。

十世紀から**浄土教**が盛んになってきました。それまでの仏教は、一般には難しく感じられていました。それをもっと容易に近づくことができるようにと考えられて、生まれたのが浄土教です。阿弥陀仏を信仰し、念仏を唱えて、来世では極楽浄土に往生することを願う教えです。この教え自体は古いものなのですが、空也上人《くうやしょうにん》が「南無阿弥陀仏」の念仏を広めると、人々は新しい救いの声を聞いたのです。その影響は広く深く及んでいきました。

空也上人は六波羅蜜寺《ろくはらみつじ》をつくり、京都中を念仏を唱えて歩きました。

また、源信（恵心僧都《えしんそうず》）は寛和《かんな》元（九八五）年に比叡山で『往生要集』を著しました。これは浄土へのあこがれを人々につのらせ、とりわけ貴族に浄土教を広める働きをしました。そこに書かれている地獄と極楽の世界は、その三百年後にイタリアのダンテが『神曲』で書いた地獄と天国を思わせるものがあり、切実さにあふれています。

浄土教の流行は美術にも反映されました。寺院建築では、時の摂政、藤原道長によって建立された、阿弥陀堂を中心にして建てられた法成寺《ほうじょうじ》が有名でした。もっともこれは焼失して、私たちが見ることはできません。

雲中供養菩薩像　南20号　国宝　平等院

現在残っているのは、宇治の平等院の鳳《ほう》凰堂《おうどう》、それに山城の日野法界寺の阿弥陀堂です。鳳凰堂は道長の子、藤原頼通が建てたもので、極楽浄土の様子を表現した堂内の美しさには、極楽往生へのあこがれが表れています。

　鳳凰堂に納められた阿弥陀像は仏師、定朝《じょうちょう》の作ですが、その優美さはこの上ありません。同じ鳳凰堂に飾られた『雲中供養菩薩像』にも同じ優美さがあふれています。五十二体の菩薩たちが優雅に雲の上を舞い、音楽を奏で、歌っています。楽器を演奏している二十七体を見るとそれぞれが違う楽器を手にしています。弦楽器では琵琶、箏《そう》、箜篌《くご》、管楽器では縦笛、横笛、笙《しょう》、打楽器では鼓、太鼓、鐃《どう》などが見られ、当時の音楽を演奏するオーケストラの様子が浮かんでくるようです。

　実際、音楽は盛んでした。もともと雅楽寮という音楽専門の役所があり、宮中の音楽を取り仕切っていました。歌を唱《うた》う人、舞う人、唐の音楽を奏でる人、朝鮮の高麗、百済、新羅の音楽を演奏する人、伎楽《ぎがく》や鼓を演じる人などが所属しており、アジアの音楽を総合していたのです。

天暦二（九四八）年、新たに楽所《がくしょ》が設けられ、左方楽と右方楽にまとめられて、音階も日本的に呂《りょ》と律《りつ》の二音階になりました。弦楽器、管楽器、打楽器を用いて演奏するオーケストラそのものであったのです。もしもいま、それが聴けたらどんなに素晴らしいことでしょう。

なお、酒に酔ったりして、話そうにも舌がもつれることを「ろれつが回らない」といいます。これは二音階の呂と律からきているのです。うまく演奏できないことを「呂律が回らない」といい、それが「ろれつが回らない」になったというわけです。

民衆の間では今様《いまよう》という歌謡が流行しました。天皇家も今様を愛して『梁塵秘抄《りょうじんひしょう》』という今様を集成した歌謡集が後白河上皇によって編まれました。民衆と貴族が区別なく音楽を楽しんでいたことが見てとれます。

浄土教の絵画にも、高野山の有志八幡講十八箇院《ゆうしはちまんこう》にある『聖衆来迎図《しょうじゅらいごう》』のように、人々を浄土から迎えに来る図の中に、菩薩が音楽を演奏しているところが描かれています。いかに音楽が盛んだったかがうかがえます。

一方、密教的な絵画も描かれていました。青蓮院《しょうれんいん》の『青不動』には二童子が描かれていますが、実に生き生きとしています。定智《じょうち》作といわれる高野山金剛峯寺の『善女龍王《ぜんにょりゅうおう》』は、湧き立つ雲の上の善女龍王の動く姿をとらえた描写が見事です。東京国立博物館にある『普賢《ふげん》菩薩』は、振り返る白象に乗る菩薩のやや傾けた顔が秀逸です。醍醐寺の母と子をテーマにした『訶梨帝母《かりていも》像』はゆったりした母子像を描いていて、キリスト教絵画で盛んな聖母子像と共通するものがあります。

◉末法思想の中で台頭する地方の豪族

平安時代の浄土信仰は、末法《まっぽう》思想につながっていきました。釈迦の死後が「正法」の時代、次が「像法《ぞうほう》」の時代で、最後に来るのが「末法」の時代です。この世はもう終わりではないか、という考えがはびこったのです。

十一世紀に入ると政治が乱れ、疾病や火災などが重なり、末法が現実のものになったと思われました。末法の時代が永承《えいしょう》七（一〇五二）年からはじまったと考えられるようになったのです。末法の時代になった、この世の終わりが来たとなると、人間は何かにすがりたくなります。貴族の間では陰陽道《おんみょうどう》のような占いへの信仰が広まり、安倍晴明《あべのせいめい》といった陰陽師が現れました。この世を形づくっている陰と陽、木・火・土・金・水の五行の作用、それに日月の運行、暦の十干十二支のめぐりを組み合わせて吉凶禍福を占い、禍《わざわい》を避けようとしたのです。

一般の人々の間でも病気や怨霊《おんりょう》などの禍を取り除くために、神道の北野神社や祇園社などの御霊会《ごりょうえ》に加わる人が多くなりました。

平安時代後半は人口が増えました。でも、水田はそれほど増えません。このために支配が行きづまり、朝廷は地方政治のやり方を大きく変えました。税を集めるのを国司にまかせ、地方の政治を委ねたのです。しかし、国司はそれを自分では行わず、さらに地方の有力農民にまかせました。このため、国司と結んで大きな勢力をもつ農民が現れるようになりました。彼らのもつ土地は荘園と呼ばれ、しだいに地方豪族が支配するようになっていきます。これが武士に成長していくのです。貴族の支配を突き崩し、武士の時代になる形が準備されてきたのです。

承平《じょうへい》・天慶《てんぎょう》の乱といわれる平将門《まさかど》と藤原純友《すみとも》の乱も、そうした地方豪族と国司の戦いといっていいでしょう。

将門は桓武天皇の子孫を名乗る桓武平氏の出で、承平五（九三五）年、常陸の国府を襲い、関東八国を手中におさめ、新皇《しんのう》を称しましたが、朝廷が鎮圧する前に、豪族の平貞盛・藤原秀郷《ひでさと》に討ち取られました。すでに述べたように常陸は日高見国の中心地です。そこには日高見国の子孫たちが残っていたことでしょう。そこが関西系の中央政府に国府として支配されていたことに対する反発もあったはずです。将門は自ら新皇を名乗るほどの野心家でしたが、関東の正当性を日高見国に見て、ここに新しい政権を打ち建てようとしたものと推測できます。

藤原純友は淡路、讃岐《さぬき》の国府、そして大宰府を襲ったのですが、天慶四（九四一）年、小野好古《よしふる》によって撃滅されました。地方も天皇に対する忠節が高かったのです。

十一世紀には、藤原氏の安定は続きますが、院政の時代に入ると陰りを見せてきます。かわって地方の豪族、武士が勢力を伸ばしてきました。

寺院も強い力をもつようになりました。延暦寺、東大寺、興福寺などが多くの荘園をもち、僧兵をたくわえるようになったのです。寺院の僧兵には下級の僧侶や堂衆《どうしゅ》と呼ばれる俗人たちが参加しました。

◉日本の歴史上、初めて外敵が襲来した刀伊の入寇

寛仁《かんにん》三（一〇一九）年に刀伊《とい》の入寇《にゅうこう》という事件が起こりました。これは女真族というツングース系の遊牧民が五十隻の船団を組んで対馬《つしま》・壱岐《いき》を襲い、家屋を焼き、島民を殺し拉致したという事件です。壱岐《いき》の島守・藤原理忠《まさただ》が兵を率いて迎撃に向かいますが全滅。その後、女真族は北九州に侵攻しますが、大宰権帥《だざいごんのそち》・藤原隆家が大宰府の兵を率いて応戦し、博多への上陸を食い止め、逆に朝鮮の高麗の領地まで追い返しました。

このとき活躍したのが関東・東北から九州にやって来ていた武士たちです。東国出身の武士たちが藤原氏という関西系（もともとは藤原氏も関東にいましたが）の貴族の指導によって戦い、外敵を追い出したのです。ここからは貴族と武士が結びつき、あるいは貴族が武家化して、土地争いだけではなく、外敵の侵入を拒むだけの戦力として育っていたことがわかります。

次章（下巻）に述べる前九年・後三年の役という東北における十一世紀の後半の争いは、清原家、安倍家という陸奥国の豪族と、国司となって東北に向かった源氏の武士たちとの

衝突です。これは土地をめぐる争いですが、地方が分立して中央と戦えるほどの力をつけてきたことを示しています。これが鎌倉時代へと向かう大きな一歩となっていきます。

十二世紀になるとさらに地方の力が強くなってきます。特に日高見国の長い伝統をもつ東北の動きが藤原摂関政治を終焉させる一つの強い原動力になっていくわけです。

地方が勢力を増すにつれ、文化も地方へ広がりを見せるようになります。東北では、奥州《おうしゅう》の藤原氏が平泉の中尊寺に堂塔四十余、禅坊三百を数える堂々たるお寺を建築しました。奥州藤原氏三代の栄華は、今日でも語り草になっているほどです。九州では、豊後《ぶんご》の富貴寺《ふきじ》に阿弥陀堂が建てられました。武士の平家一門の守護神となる安芸《あき》の厳島《いつくしま》神社が建てられたのもこのころです。

歴史物語も書かれました。『栄華物語』は十世紀中ごろから万寿四（一〇二七）年の藤原道長の死までを扱っています。『大鏡』は九世紀中ごろから万寿二（一〇二五）年までの日本の歴史を、二人の翁が語るという形で展開しています。いずれも藤原道長の生涯の伝記です。スケールは小さいものの、司馬遷《しばせん》による中国の歴史書『史記』に似ています。

皇位につこうとして反乱を企てた東国の武将、平将門を描いた『将門記《しょうもんき》』。源頼義が奥州地方で安倍父子を征伐した戦記である『陸奥話記』。初めて戦記物語が出てくるのもこのころです。

『今昔物語』という説話集も登場しました。天竺《てんじく》（インド）、震旦《しんたん》（中国）、本朝（日本）の千を超える昔話が集められています。話全部が「今は昔」ではじまり、仏教的な説話になっています。

人々は歴史の変遷を文学として読むのが好きだったのです。

◉日本文化史における「様式」の変遷

様式	年代（時代）	特徴	代表作品
アルカイスム （「胎動期」）	七世紀（飛鳥時代）	正面性 単純性 アルカイック・スマイル 生硬さ 触覚値	百済観音（法隆寺） 四天王（法隆寺金堂） 救世観音（法隆寺夢殿） 釈迦三尊（法隆寺金堂） 弥勒菩薩（中宮寺） 弥勒菩薩（広隆寺） 『古事記』 『風土記』 ほか
クラシシスム （「古典期」）	七世紀末―八世紀 （白鳳時代、天平時代） （奈良時代）	「高貴なる単純と 静かなる偉大」 線的、平面的 絶対的明瞭性（彫塑的） 触覚値と周囲 円、四角形 節度 理想性	四天王（当麻寺） 法隆寺金堂壁画 法隆寺五重塔塑像 十大弟子、八部衆（興福寺） 不空羂索観音、日光・月光菩薩 （東大寺ミュージアム） 四天王（戒壇堂） 十二神将（新薬師寺） 鑑真（唐招提寺） 『万葉集』 『懐風藻』 ほか

マニエリスム （「様式期」）	九世紀―十一世紀 （貞観時代、藤原時代） （平安時代）	古典模倣 洗練 蛇状人体 空想的反自然主義 メランコリスム 知的過剰 官能性	四大明王、不動明王、帝釈天、梵天、五菩薩（東寺） 如意輪観音（観心寺） 四天王（興福寺北円堂） 釈迦金棺出現図（京都国立博物館） 定朝＝阿弥陀如来像、雲中供養菩薩像（平等院） 『古今和歌集』 『枕草子』 『源氏物語』 ほか
バロック （「動勢期」）	十二世紀―十四世紀前半 （平安時代末期―鎌倉時代）	動勢 曲線過多 楕円 コントラスト 絵画的 奥行的 相対的明瞭性 視覚的、空間的明暗法 写実主義 民衆的	伴大納言絵巻 信貴山縁起絵巻 運慶＝童子像（金剛峯寺）、毘沙門天（願成就院）、無著・世親像（興福寺） 定慶＝金剛力士阿形・吽形、十二神将（興福寺） 湛慶＝二十八部衆、風神・雷神（妙法院本堂） 康勝＝空也上人（六波羅蜜寺） 地獄草紙 平治物語絵詞 『平家物語』 『方丈記』 『徒然草』 ほか

【著者略歴】

田中英道（たなか・ひでみち）

昭和17（1942）年東京生まれ。東京大学文学部仏文科、美術史学科卒。ストラスブール大学に留学しドクトラ（博士号）取得。文学博士。東北大学名誉教授。フランス、イタリア美術史研究の第一人者として活躍する一方、日本美術の世界的価値に着目し、精力的な研究を展開している。また日本独自の文化・歴史の重要性を提唱し、日本国史学会の代表を務める。著書に『日本美術全史』（講談社）、『日本の歴史 本当は何がすごいのか』『日本の文化 本当は何がすごいのか』『世界史の中の日本 本当は何がすごいのか』『世界文化遺産から読み解く世界史』『日本の宗教 本当は何がすごいのか』『日本史5つの法則』『日本の戦争 何が真実なのか』『聖徳太子 本当は何がすごいのか』『日本の美仏50選』『葛飾北斎 本当は何がすごいのか』『日本が世界で輝く時代』『ユダヤ人埴輪があった！』『左翼グローバリズムとの対決』『日本国史の源流』『京都はユダヤ人秦氏がつくった』『新 日本古代史』『日米戦争最大の密約』（いずれも育鵬社）、『決定版 神武天皇の真実』（扶桑社）などがある。

日本国史・上――世界最古の国の新しい物語《ヒストリー》

発行日　2022年3月20日　初版第1刷発行
　　　　2024年6月20日　　　第15刷発行

著　者　田中英道

発行者　小池英彦

発行所　株式会社　育鵬社
〒105-0022　東京都港区海岸1-2-20　汐留ビルディング
電話03-5843-8395（編集）　http://www.ikuhosha.co.jp/
株式会社　扶桑社
〒105-8070　東京都港区海岸1-2-20　汐留ビルディング
電話03-5843-8143（メールセンター）

発　売　株式会社　扶桑社
〒105-8070　東京都港区海岸1-2-20　汐留ビルディング
（電話番号は同上）

本文組版　株式会社　明昌堂

協　力　ダイレクト出版株式会社

印刷・製本　サンケイ総合印刷株式会社

定価はカバーに表示してあります。
造本には十分注意しておりますが、落丁・乱丁（本のページの抜け落ちや順序の間違い）の場合は、小社メールセンター宛にお送りください。送料は小社負担でお取り替えいたします（古書店で購入したものについては、お取り替えできません）。なお、本書のコピー、スキャン、デジタル化等の無断複製は著作権法上の例外を除き禁じられています。本書を代行業者等の第三者に依頼してスキャンやデジタル化することは、たとえ個人や家庭内での利用でも著作権法違反です。

©Hidemichi Tanaka　2022　Printed in Japan

ISBN 978-4-594-09095-1

本書のご感想を育鵬社宛てにお手紙、Eメールでお寄せください。
Eメールアドレス　info@ikuhosha.co.jp